ひまわりの日々

# 食からひろがる地域のつながり

入江　一恵 著

フェミックス

表紙題字　五味　佳子
表紙絵　中畝　常雄
文中イラスト　入江　一惠
扉イラスト　田中　修子

# はじめに

1995年1月17日、それは、忘れもしない阪神・淡路大震災に見舞われた日である。私はその前日まで、兵庫県三田《さんだ》市にある関西学院大学の千刈《せんがり》セミナーハウスにいた。神戸から少し北に入っただけで、現地はうっすら雪化粧、木立は幽玄の世界を呈していた。3日間の環境セミナーに疲れ、明石市太寺《たいでら》にある自宅に帰った私はその日ぐっすり眠った。その翌朝、阪神・淡路大震災に見舞われたのだった。「よくぞ家にいた」と頭に落ちてきた植木鉢で額に傷を負いながらもつくづく思ったのだった。

避難所訪問に、団地への炊き出しに、と追われる2月のはじめ、熊本からWeの会（注1）の立山ちづこさんがカンパを携えて神戸にやってきた。その頃、神戸は全国から集まったボランティアでいっぱいだった。立山さんのお目当ては、長田《ながた》区駒が林にある宅老所「駒どりの家」。私たちは、1991年、1994年と2回にわたって草の根の北欧福祉視察を行い、報告集を出版した仲間であった。神戸で北欧福祉の理念のもとに築百年を経た民家で宅老所が営まれていることは、当時全国的にも有名であった。

焼け跡の臭いのする中を通り抜けて辿《たど》り着いた「駒どりの家」には、避難先からバスを乗り継いで昼食会に集まった元長田在住の住民とボランティアがあふれていた。そこで私の目をひいたのは、女子高生と男子中学生のふたりであった。不登校で家族とは口をきかないと言いながら、かいがいしく入浴介助を手伝っているふたりの目の澄んでいること。この目の美しさ、真剣なまなざしに電流のようなものが体中を走った。

「ここには何かがある。私はここでボランティアをしよう」。私の決意は固かった。当時勤めていた大学の研究日の1日をあてることにした。その頃、時代の要請として、高齢者対象の食事サービスのボランティアグループは神戸で次々と誕生していた。そこでは献立、調理、そして高齢者の嚥下《えんげ》困難な場合の食事、はては嚥下促進体操まで、また、ヘルパー養成講座もあちこちで開かれていた。私はこれらの講師に招かれることもしばしばで、必然的に「駒どりの家」の活動にのめりこんでいくことになった。

2003年、兵庫県が明舞《めいまい》団地（注2）再生とコミュニティ活性化事業の一環として、NPOによる団地再生モデル事業を募集。これに応募したNPO法人「ひょうご農業クラブ」が、応募12団体のうちの3団体に選ばれ、助成金（2年で200万円）を得て、明舞センター内での空き店舗で活動することになった。実際には、これを私に任せるというのである。いくつもシャッターが下りたさびれた商店街の一角。元モーターサイクル屋さんの48平方メートルは、スケルトン状態で県住宅供給公社より渡された。8月より2か月、ひょうご農業クラブの代表と私は何度も話し合った。私は迷った。悩んだ。私の中には、「居住地・太寺で宅老所を」の夢は消えていなかった。

最後に私の背中を押したのは、太寺でボランティア活動している「まごの手会」のひとり太田倫子《みちこ》さんの言葉、「いっしょにやりましょう」であった。「入江さんがやるなら助けるわよ」の言葉はいっぱい聞いた。しかし、当時私は73歳。側面から助けるのではなく、いっしょに担ってくれる人を待っていた。そして、まごの手会のメンバー、明石で共に市民活動をしている「市民塾」メンバーの松本誠さん・小山英二さん、そしていまは亡き黒田裕子さんなどと共に、「NPOひまわり会」を設立した。

その後、「よりあいクラブ明舞ひまわり業務運営に関する協定」を結び、ひょうご農業クラブと連携して「よりあいクラブ明舞」を開設。「ふれあい食事処」と有機野菜の販売を開始した。

明石と神戸舞子にまたがる商店街の片隅に、2003年10月30日、「ひまわり」はオープンした。どこにでもころがっているような名前、でもその暗い片隅を照らすには、サンフラワー、ひまわり、これしかないと思った。

思えば短い準備期間であった。しかし、人々の温かい心に包まれた日々であった。「これが私の最後の仕事」との呼びかけに、1週間のうちにエールと資金カンパを送ってくださった全国の知人・友人・「Weの会」の仲間たち。食器・調理器具・大鍋など、我が家の玄関からリビングまで足の踏み場もないほど集まった善意の数々。食堂のテーブル・椅子・ガス湯沸かし器まで。私は感動のしっぱなしであった。

「食を通した福祉コミュニティづくり」を理念とし、そのコンセプトは「忘れられた旬と季節」

「ほんものの味を取り戻す」「食のひろば」として打ち出した。大量炊事・ふれあい食堂のノウハウは、「駒どりの家」の力強いボランティアたちである。買い物は一切引き受けて、右往左往する私たちにテキパキと指示をしてくれた。初日の10月30日に集まったボランティアは22人、お客様は50人を越えた。

この本は『くらしと教育をつなぐWe』（フェミックス）に2004年4月号（121号）から2016年2／3月号（200号）まで80回にわたって連載された「ひまわりの日々」をまとめたものです。このたび、私のつぶやきを『We』の中村泰子編集長のご好意により1冊の本にまとめることができました。ご好意とご労作に感謝します。ありがとうございました。

2019年2月　入江一恵

注1　Weの会…1982年創刊の『新しい家庭科We』（ウィ書房）、92年にリニューアル創刊した『くらしと教育をつなぐWe』（フェミックス）を応援する読者の会。毎年、全国各地でWeフォーラム（宿泊研修）を開催するなど、会員間のつながりが深い。

注2　明舞団地…兵庫県神戸市垂水《たるみ》区と明石市にまたがる丘陵地に、1964年にまちびらきした団地。半世紀が過ぎた現在、65歳以上の高齢者が40・91％に達する（住民基本台帳［平成2016年3月31日神戸市、4月1日明石市］より）。

NPOひまわり会（明舞ひまわり）の活動を応援してくださっている兵庫県立大学の加藤惠正先生にご寄稿いただきました。ひまわりが明舞で活動をはじめて、最初に賞をいただいたのが2009年度神戸ソーシャル・ベンチャー・アワード審査員特別賞でした。その時の審査委員長が加藤先生でした。以来、明舞のまちづくりにあたたかく厳しいご助言をいただいており、特に「明舞ひまわり」の活動について深いご理解をいただいております。この場を借りて心からお礼申し上げます。（入江）

# 進化する「気迫と情熱」

加藤　惠正《よしまさ》（兵庫県立大学大学院減災復興政策研究科教授）

兵庫県立大学の「まちなかラボ」（注1）が明舞団地の第1センタービル（注2）2階にできたのは2008年冬のことです。入江先生が代表をされていたNPOひまわり会は、すでに同じビルの1階の小さなスペースで、とてつもなく大きな仕事をされていました。

まちなかラボ開設後ほどなく、団地で活動・活躍されている皆さんのお話をうかがおうということになり、事前の約束なしでひまわりに飛び込み、入江先生にその旨を図々しくお願いした記憶があります。そこで入江先生が話された「お弁当を届けることは見守り活動でもあります。したがって絶対に手渡しでです」という信念は、重老齢化が局地的にせよいち早く顕在化していた明舞団地を支える覚悟を話されていたとも思えます（兵庫県民生活課の「ふるさと兵庫すごいすと」でも同様の発言をされています／注3）。入江先生が話される団地高齢化の現実に、まちなかラボの学生たちは言葉を失っていました。厳選した食材で調理した食事を届けることに加え、独居でベッドから離れられない状況にある多くの高齢の皆さんとの「信頼」を作り上げてこられたのだと感じます。緑も多くゆったりと時間の流れる、一見のどかなニュータウンのもうひとつの厳しい現実に挑まれてきたのです。

かつて、世界の経済学者が「幸せとは何か」について、国際共同研究をしたことがあります。そこで明らかとなった要素は「健康」と「仕事」でした。入江先生のお仕事は、まさしく「幸せ」創造のためのイノベーション（注4）であると感じます。「健康」については、いうまでもありません。有機野菜や減農薬野菜、地元の魚といった食材による料理、配食サービスではお弁当を依頼した高齢者一人ひとりの健康状態を考えながら、柔らかいごはん、おかずの調理を行っているとのことです。民間事業者では考えられないここまでの配慮は、「食」の力でみんなを健康に、そして幸せにという〝入江哲学〟です。社会ビジネスの真骨頂ともいえるでしょう。

幸福のもうひとつの要素である「仕事」は、入江先生の地域や社会への姿勢そのものといってもいいかもしれません。ロンドン大学の経営学者リンダ・グラットンは、働き方の未来について世界に影響を与える研究をしたことで知られています（『WORK SHIFT』2011／注5）。グラットンは、将来（といっても、今や数年後に迫った2025年が想定されています）、幸福で充実した仕事を実現するためには「働き方のシフト」が必須と指摘したのです。そのひとつに「情熱を傾けられる経験」（やりがいと情熱を感じ、前向きで充実した経験を味わえる仕事）をあげています。入江先生率いるひまわり会のチームは、世界の若者に向けて発信された未来の働き方を、その本の出版の10年近く前から、17人の仲間とともに（現在では、40数人のスタッフで平均年齢69歳なのだそうです）実践していたことになります。重老齢社会で出現した高齢「情熱チーム」は、ただものではありません。

実際、ひまわり会は進化し続けています。これまでにも、男性料理教室や団地活性化のためのさまざまなイベント企画や参画、さらに2017年には、明石市からの委託で、総合相談支援、居場所づくり、そして地域の仕組みづくりという機能を持った「地域支え合いの家」を運営し、その仕事は地域に根ざしながらますます着実なものとなっているようです。

入江先生は、2018年6月にひまわり会の代表を退かれましたが、第一線でこれまで通り「気迫」のこもった仕事をされているとうかがっています。このご著書の出版を心からお祝いを申し上げると同時に、さらに加速度を増した先生の気迫と情熱の進化に期待しております。

注1　多様な主体の参画による「明舞団地再生」を進める観点から、団地内に学生のいる環境をつくり、住民と学生の交流によって団地の活性化に資するとともに、団地再生に必要な各種施策の実践的な調査研究の場として設置された。

注2　ひまわりが活動をはじめた商店街のビル。現在は建て替えられ「ビエラ明舞」となっている。

注3　ふるさと兵庫すごいすと、入江さんのインタビュー参照。
http://www.hyogo-intercampus.ne.jp/sugoist/interview/iriekazue

注4　イノベーション（英：innovation）とは、物事の「新結合」「新機軸」「新しい切り口」「新しい捉え方」「新しい活用法」（を創造する行為）のこと。新技術の発明だけでなく、新しいアイデアから社会的意義のある新たな価値を創造し、社会的に大きな変化をもたらす自発的な人・組織・社会の幅広い変革を意味する。

注5　翻訳され日本で出版されている『ワーク・シフト ― 孤独と貧困から自由になる働き方の未来図〈2025〉』（プレジデント社、2012年）。

NPO ひまわり会（通称：明舞ひまわり）の「ふれあい食事処」とコミュニティ交流ゾーンは明舞団地（兵庫県神戸市垂水区と明石市にまたがる）の兵庫県住宅供給公社の松が丘ビル内にある。

＊ひまわりが活動をはじめた「明舞第1センタービル」は建て替えられ、現在は「ビエラ明舞」となっている。

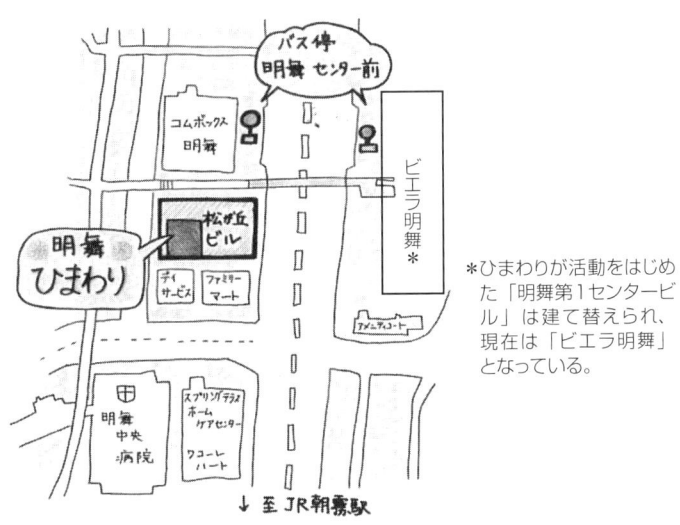

# 目次

## 3章 新たな出発
### ～個の尊厳を基調に



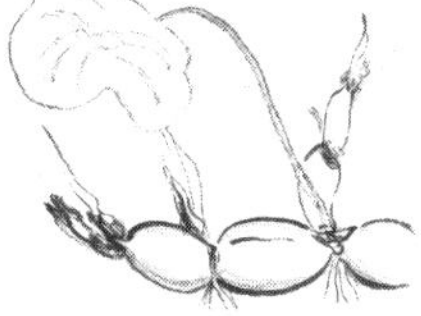

# 1章

# スタッフは玉手箱

～ひまわりのスタートから1年半

## ●私のおみず物語

1946年春、私は四国高松から上阪して、焼野原に点在するバラックの前に茫然《ぼうぜん》と立っていた。16歳の少女には、人が多く食糧もない当時の大阪は過酷過ぎた。でも敗戦の代償として自由を得たと心底思い、未来に何かすばらしいものが待ち受けているようにも思っていた。何か月かたったある日のこと。友人と難波で映画を見た帰り、地下鉄の入り口で「手相」のあかりを見つけ、なんということなく手を差し出した。占い師は、「あなたは水商売に向いていますよ」と簡単にいってのけた。「えっ！そんな、私は、家政理学を専攻している学生ですよ」と返すと、「家政も理学も水と関係があるでしょう」とうまく逃げられた。〝粋〟とおよそ縁のないイモねえちゃんが何で水商売できるのよと、私は下宿に帰るまでプンプンしていたのをいまでも鮮明に覚えている。

そして60年近い時空を経た2003年の10月、まさに水商売なる「ふれあい食事処ひまわり」を立ち上げた。ちなみに広辞苑をひもとくと、〝水商売〟とは「客の人気によって立っていく収入の不確かな商売の総称」とある。まさに不確かな日々の連続である。「完売御礼」の張り紙が続くかと思うと、次の日はドスンと落ち込む。

3月のお雛様《ひなさま》の特別献立は大張り切りで50食用意した。押し寿司にぬた（わけぎといかの辛子酢味噌）、お吸い物はゆば、生麩《なまふ》に菜の花。それに前夜こてぼ（白餡《あん》をつくる豆）を煮て、こし餡を夜半までかかってつくり、淡いピンクに染め、ゆで卵の卵黄のうらごしをめしべに仕立て、ゼリーで固め椿《つばき》の花に見立てた和菓子もついているというシロモノである。

35食でとまり、残りの15食を前にため息。でもボランティアは、そんな時歓声をあげる。もち帰りできるからである。「入江さんは、最近おみずにはまっている」とはあるスタッフの言葉。緊張した瞬間から突き落とされるまでのスリリングな時を、私自身楽しんでいるのかもしれない。

（2004年4月）

## ●命の泉

いくらかの客観的な情報の分析によって、不確かな客数を、ある程度確かなものに変えられるはずである。曜日、天候、近くの高齢者大学やクラブの開講日などである。利用者は会員制でもない、配食以外は予約制でもない。そんな事業形態であるが、お客様の心をつかむ洞察力がもっと私にあればと思う。

そもそもひまわりは、兵庫県が明舞団地再生とコミュニティの活性化を目的としたモデル事業で、これに応募したNPO法人ひょうご農業クラブ〈食を通した福祉コミュニティづくり〉の連携事業として、「ひまわり会」を立ち上げたのである。提携農家から出荷された有機野菜と米を販売する部門と、こうした野菜と地場の明石の魚を使っての食事提供が、私の仕事である。オープンにあたって、私たちの願いとして「忘れられた旬と季節」「ほんものの味を取り戻す」「食のひろば」を訴えた。

オープン当初の11月は週2回、12月は週3回、2004年1月から月、火、木、金の週4回営業、配食、ミニ・デイサービスもはじめた。利用者は口コミによって定着しつつある。

先日、ラジオ関西の取材があった。その日はお客様でごった返していた。グループで来られた元気な高齢女性たち。ひまわりの食事が気に入っている女子学生。10年前に連れ合いに先立たれ、自炊をしているKさんは、外食が大嫌い、ひまわりの食事は好きだといわれる。彼はレポーターの質問に「ひまわりは私の命の泉です」と答えた。多少、文学的表現が加味されているかもしれないが、日頃寡黙なKさんの言葉だけにずっしり、私の胸に堪《こた》えた。1食に20種類は下らない食材を使い、昔懐かしい味の再現を心がけただけにうれしかった。

立ち上げの初期の頃、あるお年寄りから「あんた、誰のためにこんなことやってるのや」と尋ねられ、虚をつかれた思いで、一瞬答えに窮した。「明舞に住むお年寄りのために」などと歯切れの悪い答えをしたが、いまはこれを撤回しよう。協働は利用者から私たちへの働きかけがあってこそ成り立つもの。私は大変なエネルギーを費やし、体力の限界に挑戦している毎日であるが、

オープン当時の「ふれあい食事処」

それにかえられない胸のときめき、ふくらみをこの人たちからもらっている。
風邪ひとつひかなかったこの冬ももうすぐ終わりを告げ、春はそこまでやってきている。

（2004年4月）

●スタッフは玉手箱

お店の中はすっかり初夏の装いになった。のれんも軽やかなクリーム色。壁も飾り棚も5月の節句飾りになり、鯉《こい》が泳ぎ、兜《かぶと》が並んだ。1週間後に行う折り紙講習会への雰囲気づくりでもある。講師はスタッフのひとり中来田《なかきだ》芳子さんで、ひまわりで縫うことと室内装飾は彼女におまかせである。

野菜販売担当の馬場正宣《まさのぶ》さんは写真、もう一方の壁面は彼のギャラリーとなっている。

体ほぐし体操の指導は太田倫子さん、肩こりに悩むお年寄りにとって彼女の指導はまさに福音。

笑顔の素敵な森本三枝子さんは、お菓子づくりの名人。ひまわりのイベントで「会費はお茶とお菓子つきに材料費共で○円」という場合、必ず彼女のお菓子がつく。ういろう、クッ

ミニ・デイサービスで折り紙をたのしむ

キーなど、にこにこと請け負ってくれる。

スタッフは、お店のオープンにあたって知人、友人を通じてお願いしたボランティアの方たちである。それぞれがいままで生きてきた年輪の中で玉手箱をもっている。その玉手箱をあける私の心はなんとも不思議なときめきを覚える。それぞれの玉手箱は、ひまわりの潤滑油であり、財産である。

ありふれたいい方かもしれないが、立ち上げにあたって必要なのはお金と人だと思った。「入江さんが大変なことをしでかそうとしている。見ていられない」と集まってくれたボランティアを含めて、17人ではじめた。すべては、この明舞という地域ははじめてという人たち。しかし、地元のボランティアが主導というのが本来の姿であろう。そこで折りにふれ、ボランティア募集のチラシをつくって協力を呼びかけた。無駄ではなかった。徐々に地元ボランティアが増え、いまでは総勢30人。

Fさんは、夫を亡くしあるメーカーの職員寮のまかないで働いていた。リストラにあい、失業してこの団地の高齢者住宅に越してきた。その翌日、ひまわりのボランティア募集のチラシが目にとまり、早速訪ねてくれた。平西洋子さんはまだ年金がもらえないお年のひとり暮らし。美容師の資格をもっている。やはりリストラにあって職探し。彼女は開口一番「時給はいくらですか」

お弁当の準備

と質問した。「現在は無償です」の私の返事に、「ではまた」と帰りかけたところに私は声をかけた。「ここのボランティアで、ひまわりは生きがいの場所、稼ぐのは三宮の食堂で3日間働いておられる方もいるんですよ」と。あきらめて帰った平西さんは、数日して再び訪れた。「夕方から、美容院に来られないお年寄りの方の自宅に訪問して美容をすることになりましたので、昼間はひまわりで働かせてください」。何とうれしいこと。こうして一人ひとり増えていった。

（2004年5月）

## ●NPOとしての一歩

3月末、2003年度の決算をした結果、なんとうれしいことに黒字。今後の見通しもほぼついた。思い切って、無償ボランティアを有償に切り替えようと役員会で決めた。といってもささやかなもの。1日500円である。時給にして1時間なんと80円から100円。これを有償といえるのだろうか。でもNPOとしての一歩ともいえる。オープン当初から、野菜部門担当者には10万円、配食担当者には4万円、生活主担者ということで支払ってきた。両者とも男性であることに、私は割り切れない気持ちをもっていた。このこだわりが完全に解消されるわけではないが、これも一歩近づいたとしよう。

今日も、山椒の木の芽をたっぷり使った田楽《でんがく》が美味しいと、目に涙をためて何度も手を合わせてお礼をいってくださった方、お連れ合いを亡くされ自炊に徹しながらもひまわりにかつての家庭の味を求めている方などがおられる。さまざまなニーズに応えることが私の喜びでもある。

（２００４年５月）

## ●目には見えないバリア

ひまわりを立ち上げてあっという間に6か月が過ぎた。確実にその存在は口コミで地域に浸透しつつある。味覚を通してインプットされたものが、命の源《みなもと》である〈食〉を通してつながっていく、この強みは決して侮れない。こうしてできあがっていくネットワークを、私自身お客様との対話や表情の中から感じとっている。

さらに交流の場を広げようと「明舞交流イベント」としてフリーマーケットとミニコンサートを企画した。しかし、これは地元の自治会など地域の地縁組織の役員の了解は得られなかった。商店会の幹部には「この商店会ににぎわいと交流の場を」と粘り強く働きかけたが、結果として返ってきた回答は、「まあいっぺんＮＰＯさんでやってみては」というものであった。

その後（２００４年3月27日）、兵庫県主催の「これからの明舞団地を考える」パネルディスカッションが行われ、私もまちづくり協議会のメンバーにまじってパネリストのひとりとして発言の機会が与えられた。私は、利用者の表情を思い浮かべながら、できるだけ利用者のなまの言葉を伝えた。それはそれで会場の人々にはかなりの反応が見受けられたのだが。

企画した交流イベントは春の予定だったが、秋に延期し、住民との話し合いを根気よく重ねている。まだオープンから半年である。1年後にはバリアは解かれているだろうか。地域の地縁組織との折衝《せっしょう》が苦手な私は、このことを考えただけでも逃げ出したくなる。でも、こんなことで弱気になる私を救ってくれるお客様とのふれあいがここにはある。

（2004年6月）

## ●新たな担い手の登場

ここのところ、毎日2、3件ひまわりの仕事を手伝いたいという申し出がある。そのひとり大西東洋司《とよじ》さんは、リタイア以後環境問題に取り組んでいるが、NPO活動に以前から興味をもっておられたとのこと。「週3回ここで活動できます。私にできることは、コーヒーをいれること。パソコンができること。ここでお役に立ちますか」。「ぜひコーヒーをいれて欲しい」とお願い

---

### ◆ 筍の木の芽田楽 ◆

**■材 料（4人分）**

茹で筍300グラム
**A**（煮だし汁大3、みりん大1、醤油大1）
**B**（田舎味噌大3、みりん大2、砂糖大1杯半、煮だし汁大2、木の芽半パック）

**■つくり方**

① 筍は、1センチの厚さに大きく切り、**A**で下味をつける。
② **B**を鍋に入れて火にかけ、よく練り、練り味噌をつくる。
③ 木の芽は洗って葉の水気をペーパーで拭き取り、すり鉢でよくすり、練り味噌を入れて木の芽味噌をつくる。
④ 筍の両面を焼き、木の芽味噌を塗ってさらに串に刺して焼き、香ばしく仕上げる。

＊練り味噌をつくってから木の芽をすること。すって空気にふれる面積が大きくなると、折角の緑の葉が酸化して黒くなる。
調理は科学と芸術の接点といわれるのは、こんな所にある。

すると、早速ご自分で焙煎した豆をひいて、道具と共にもってこられ、いれてくださった。その香り、味わいは一朝一夕で出せるものではない。私の疲れた頭がすっーとクリアになっていった。たまたま居合わせたお客様、ボランティアもいただき、感嘆の声があがった。いままでの喫茶担当は見習い中で、最近はかなり腕をあげてきたと評判だったが、兜をぬいで喫茶担当は大西さんに決まりとなった。これでひまわりの名物がまた増えた。うれしいことである。目下スタッフの間で、大西さんの来られる日の本格派コーヒーは値上げして250円、他の1日は従来どおり150円にしては、いや同じ値段がよいなど議論沸騰している。そばで大西さんは黙ってにこにこ。私の心がなごむひと時である。

また、若い力も5月から投入された。私がかつて勤めていた兵庫大学の健康科学部栄養マネージメント学科のVnetボランティアクラブの学生さんである。月、金と、授業のない日に2人ずつの協力申し出を喜んでお受けした。老老介護という言葉があるが、高齢者福祉の世界でも、元気な高齢者ボランティアによって支えられている状況が常の姿である。若い学生さんのサービスにお年寄りも目を細めてうれしそう。何よりも彼女らは管理栄養士の卵である。早速、食材の総量を計量してもらい、次週までに栄養診断グラフをつくってもらうことにした。糖尿病、人工透析、高血圧、高脂血症とリスクを抱えたお客様は多い。栄養指導にも一役かってもらえそうである。

（2004年6月）

## ●てんやわんや

大西さんのコーヒーはますます佳境にはいり、真価を発揮し出した。コーヒーに手づくりのクッキーを添えたら、またそれが人気をよんだ。これまた本格派「ルシアンクッキー」、1個50円。粉砂糖をまぶしたまるいクッキーは生チョコと見間違う感じで、おみやげにと買ってくださる。とうとう講習会を開くことになり、ボランティア、利用者の方を含めて10人が、食事が終わった食堂でクッキーづくりに熱中した。

明石市に住む保健師のOB会の方から、健康相談などのボランティアの申し出があった。声のボランティアサークル「音のさんぽみち」から、視覚障害者の方へひまわりを紹介したいと取材が入った。このところ私はてんやわんやの忙しさである。1時を過ぎると用意した50食の定食は売り切れ、「本日完売」の張り紙をする日が続く。スタッフのひとりが「入江さんが厨房《ちゅうぼう》で跳んでる」と評するなど、午前中は元気がよい。でも午後になると足に鉛を入れたように重くなり、足の裏が痛くなる。

お客様のひとりに相談すると、足首用のサポーターを紹介してくれた。「ゲートルがいいのよ。昔、陸軍が使っていたゲートルが一番足の疲れをなおすの」と。1日60キロも歩かせるためだったのかと思いながらも、私自身重装備するより仕方ない。足首サポーターに膝サポーター、5本指の靴下と考えられるものはすべて。もちろん我が家には足裏マッサージ器が備えられている。

この体重を落とすのがもっとも近道であることはわかっていても、これだけはやりたくない。いまのスタミナを持続させるためにはダイエットには目をつむろう。苦しい選択である。

（２００４年７月）

## ●立ち寄りたくなる場とは

大阪の千里《せんり》ニュータウンに、白いテーブルが並ぶオープンカフェのような喫茶スペース「街角広場」がある。竹炭で浄化したお水を一度凍らせ、そのお水でコーヒー、紅茶を提供する。お年寄りのたまり場。下校時間になれば小学生のたまり場、夏になれば「お水ちょうだい」と立ち寄るという。「ここのお水はおいしいもん」とのこと。さんさんと太陽がふりそそぎ、木立からの風はさわやか。

立地条件からいって、ひまわりは街角広場のようなわけにはいかない。でも「ここが好きだ」「ここに来るとほっとする」「ここのお昼を食べると、朝夜の食事は軽くてよい」と、なんらかのリスクを抱えたお年寄りがやってくる。

脳梗塞《のうこうそく》を患ってまだ不自由だがやっと口がきけるようになった、糖尿病で食事の管理にほとほと疲れているなど。ここは、「要介護」と「元気なシニア」の間のグレーゾーンのお年寄りを対象にしていると私は思っている。利用者の約50パーセントがひとり暮らし、70歳代が最も多い。配食を受けている人には90歳代の人もいる。

ここで食事をした方のほとんどは「ありがとう」とお礼をいって帰られる。「今日はめずらしいものを見つけたので」とグミをもってきてくださる。「今度、東京の娘のところに引っ越すので」と立派な食器類を提供してくださる。「昔、組紐《くみひも》をしていたので」とたくさんの組紐と道具を提供してくださったり、さまざまな形で人と人のかかわりがひろがっていく。ネットワークとはこうしてできあがっていくものだろうか。

ようやく「明舞団地40周年記念事業」を県と自治会とNPOの協働でやろうと、同じテーブルにつくサポーター会議が開かれた。そこで「まちづくり広場」の提案があり、私たちのいるセンターの2階の空き店舗に設置する案が示された。このことは、NPOとしての私たちが明舞再生に向けての事業として案を示していたものである。「空き店舗のシャッターを開けて、そこを市民の交流の場として利用しよう」。たとえば、子どもの絵画展の場として、市民の手づくり工芸品の展示の場として、写真展やミニコンサートなどの開催。これらはすでに私たちの企画として提案していたものだった。49平方メートルの店舗改装は県が、その運営は住民、NPOでということになり、これから本番ということになりそうだ。

ただ、その「ひろば」がほんとに市民が立ち寄りたくなる場として機能するかどうか。改めて、さして気負わずにつくられた千里の街角広場のことがしきりに脳裏をかすめる。何かをしなければならないという義務感からではなく、誰からも強いられず、でもそこにいくとほっとする、そこに行ってみたくなる――そんな居場所がつくれないものだろうか。

(2004年7月)

## ●季節が映し出される食膳

6月から7月へと空梅雨のまま真夏の日ざしが照りつけるようになった。ひまわりの献立表を見ていると季節の移り変わりが見事に映し出されている。

こごみ、うど、よもぎ、わらびをふんだんに使った3月、4月。

淡竹、野蕗《のぶき》で香り豊かになった5月。

新じゃが、新玉ねぎを使ったミニグラタンもよく登場した6月。

7月、ずいきを酢の物にすると淡いピンクが美しい。新生姜《しょうが》も酢にあうと美しいピンクに変わり、ボランティアの包丁さばきは日ごとに冴えてくる。新生姜の繊切りは、針生姜となって炊きたての桜飯にまぜると美味しい生姜ご飯ができる。そこにホタテの缶詰を加えるといっそう美味になる。

このところ、全国から支援の食材が届く。しあわせなひまわりである。信州の更埴《こうしょく》(杏の里)から見事な杏が届いた。そのままを半分にしてデザートとして1品加えた。はじめての方もあり「びわかと思いました。珍しい」と目を細めて味わっておられた。解禁と同時に沖縄から太もずくが届いた。長いも、ひじきとまぜて天ぷらにもしたが、今週は、新生姜の繊切りを加えて甘酢であえた。さっぱりとした初夏の1品である。杏の残りはシロップ漬けにジャムにと、我が家は

## ◆ 春から夏　旬の食材を取り入れたメニュー代表例 ◆

3月

- **みぞれ鍋**（大根、白菜、人参、ほうれんそう、白身魚）
- **旬の天ぷら**（ふるせ［成長したいかなご］、よもぎ、うど）
- **菜の花のおかかあえ**
- **旬のすまし汁**（筍姫皮、菜の花、わかめ）
- **もずくのみぞれ蒸し**（もずく、ホタテ、大根、筍）
- **わかたけ煮**（筍、わかめ、木の芽）

4月

- **せりの味噌汁**
- **蕗の葉とちりめんの炒り煮**
- **せりのごまあえ**
- **つくしの佃煮**
- **木の芽田楽**（筍、豆腐、木の芽、白味噌）
- **甘夏ゼリー**
- **旬の野草天ぷら**（こごみ、よもぎ、うど）

5月

- **野蕗のきんぴら**
- **いとこ煮**（里芋、小豆）
- **うどの酢の物**
- **うどの天ぷら**
- **わけぎの酢味噌あえ**
- **さつま汁**（豚肉、人参、大根、さつまいも、うす揚げ、こんにゃく、ねぎ）

6月

- **葉つき人参のごまあえ**
- **鯵**（あじ）**の南蛮漬**（鯵、ピーマン、玉ねぎ、大根おろし、たかのつめ）
- **鯵のたつた揚げ、きのこソース**（鯵、土生姜、人参、玉ねぎ、しめじ、えのき、しいたけ）

7月

- **沖縄もずくの天ぷら**
- **小芋のずんだあえ**（小芋、枝豆、白味噌）
- **しそゼリー**（天ぐさ、しそジュース）
- **なすカレー**（なす、牛ミンチ、玉ねぎ、土生姜、トマト、ピーマン、椎茸、カレー粉）

8月

- **なすの利休煮**（なす、白味噌）
- **鶏肉の酒蒸し、梅肉ソース**
- **冬瓜**（とうがん）**のひや鉢**（冬瓜、えび）

深夜まで食品加工場と化す。うれしい悲鳴である。例年、我が家は6月から7月にかけては梅漬け、梅ジャム、らっきょう漬けと忙しい。今年はひまわりのものが加わったのだからたまらない。でも加工びんが増えてくるのはなんとも豊かな気分になる

私はかつてお米の研究を長年やっていたために、実験用の米を保冷しておく冷蔵庫が2階の書斎にある。それが今年はひまわり用保存庫としてフル回転している。うれしい悲鳴をあげているところへ枝豆が届いた。丹波《たんば》ならぬ大阪の八尾《やお》からである。八尾は枝豆の新しい産地だとか。早速もち米を少し加えて枝豆ごはんにする。残りは新小芋のずんだあえにでもと考えている。

こうしてひまわりのメニューは〝ディスカバージャパン〟の食材で深夜にできあがる。明石はいま、麦わらだこのおいしい旬、しかし残念ながらたこはお年寄りにはむかないので使えない。「魚の棚」で目をひくのは、ぴんぴんおどっている昼網のかわつえびである。豊漁の時は400グラム1000円で買える。冷凍しておくと重宝で、冷凍庫に入れてもまだかさこそ動いていてちょっと手を合わせて拝みたくなる。「人は他の生き物の命をいただいて生かせてもらっている」と実感するひと時でもある。

（2004年8月）

## ●ボランティア集会

7月4日、3回目のボランティア集会をもった。狭い食堂に20人集まり、コーヒー担当の大西

さんがパワーポイントで「エネルギーを節約するしあわせ」と題して話してくれた。大西さんは、京都エネルギー・環境研究協会（京都エネカン）のメンバーでもある。50センチ4方の枠におさめた特大の実物レンズも持参くださり、「これで集光すると4000度にはなり、鉄も溶けますよ」とのこと。その後、事業報告と交流会があり、なごやかでまるで同窓会のようだった。

ボランティアは、通常週1回で、曜日が決まっている。こんな機会でもなければ全員が顔を合わせることはない。それだけに、この日新しい活力が生まれることが期待される。現在、ボランティア登録は34人、この方たちの支えがあってこそひまわりは運営を継続できる。

6月下旬、新しいひまわりの玉手箱があけられた。笹野桂子さんのキルトが壁面に6点展示されている。日本、アメリカ、インドネシアの古布がそれぞれのもち味を生かしてキルトされている。大作だけに圧巻である。ひまわりもちょっとしたギャラリーで、店内を眺めて「次はなんでしょう。楽しみです」とおっしゃるお客様もおられる。日替わり定食と、シーズンによって変わる展示は、ひまわりの呼びものになりそうだ。

伊丹ルリ子さんの発案によって、目下ひまわりのホームページを作成中である。私の弱い面を松本誠さん、太田倫子さんも加えて3人が補ってくれ、知恵を出し合っている。

こうして1日、1日に新たな内容が書き込まれ、あっという間に過ぎていく。たった8か月ではあるが、私の人生の中でも凝縮された重みをもつ。目下、Vnetの学生さんの提案で塩分の測定を1週間続けている。「ひまわりの定食」の平均的な塩分が科学的にデータとして発表できることは、新たなセールスポイントになるだろう。

（2004年8月）

## ●暑かった夏　熱かったひまわり

今年の夏は、特別暑い日が続いた。それに台風に地震のおまけまでつき、気候異変に悩まされた。私は、ひまわりのオープン以来はじめて1週間留守にして、父ゆかりの土地、英国リバプールを妹と訪ねた。スタッフには負担をかけてしまったが、私の出発前には、「そんなに長くお店を留守にしたら閉めますよ」と脅していた松本壽美子《すみこ》さん、太田さんも、最後の日には無事留守を勤め終わってふたりで乾杯したとか。その痕跡の瑠璃《るり》色のびんがシンクに残っていた。「少し自信がついたので、入江さんには週1回お休みしてもらおうかと話しているんですよ」と。「待っていました、その言葉」。私はうれしくなった。肩の重荷がスーと軽くなった。

8月2日、初のひまわり会総会。8月19日から24日までまちづくり広場での「高齢者の食べ物と栄養展」。矢継ぎ早に組んだ行事が自分の首を絞めていた。その間にWeの会の仲間も埼玉、京都、奈良、大阪から、エプロン持参でボランティアに駆けつけてくれた。小平陽一さんは包丁すべてを研《と》ぐという隠れた技を披露してくれ、スタッフも舌を巻いた。たった6時間ほどいただけで、その場に溶け込めるなんて、受容する雰囲気はやっぱりひまわりの魅力かなーなんて自画自賛している。

「高齢者の食べ物と栄養」の展示は、私の遅い原稿を、パソコンの名人の大西さん、伊丹さんが実物やデジカメの写真の拡大をフルに使って、高校の文化祭のような見事な仕上がりにしてくれた。期間中にもお客様の質問・意見を取り入れて補充し、完成したのは最終日という始末。これはすべてがアバウトな入江流なのかもしれない。

試食は、玄米赤飯と室戸岬《むろとみさき》に打ち上げられたてんぐさからつくったゼリー。どちらも好評だったが、とくに玄米赤飯への反響が大きかった。無農薬玄米に小豆、どちらもヘルシーな食品。質問に答えて、私は玄米の炊き方を次のように説明した。「玄米の果皮、種皮は脂肪と繊維でできています。その内側がたんぱく質、でんぷんがいっぱい詰まっているのはそのまだ内側なんです。水に浸漬《しんし》するだけでは果皮は水を吸収しません。洗米の時にすりあわせるか、泡だて器で混ぜるかして果皮に傷をつけてください。ほーら、こんなに粘りのある赤飯ができるのですよ」と。早速家に帰って炊いてみて「おいしい玄米ご飯が炊けました」と報告に来る方もいた。

（２００４年10月）

## ●配食車で見える現実

８月半ば、都市計画の研究に取り組んでいる大阪大、神戸大の学生がひまわりに研修に来た。エプロンをつけて皿洗いもしてもらったが、配食の車に同乗してもらい、どんな家に住みどんな状態で生活しているか、高齢者たちとも話してもらった。バリアフリーという言葉が字面で見るのと現実とはどうちがっているかも観察してもらった。学生たちは、心底「勉強になりました」と帰っていった。

私自身、配食車に乗ってお年寄り一人ひとりにお弁当を手渡す時、お店ではわからない状況に遭遇《そうぐう》する。交通事故で不自由な体を横たえ、這《は》いながら玄関まで出てくる方。酸素ボンベをつけてベッドに横たわっている友人といっしょに食べるため、杖《つえ》をついてバリアのある道でお弁当を待ってくれている93歳の方。これが高齢社会の現実かも。

（２００４年10月）

## ●記念品は特製佃煮《つくだに》

「あっという間に過ぎた1年」「やっと1年経ったのね」。

２００４年10月30日でひまわりは1周年を迎える。どちらもスタッフの正直な気持ちである。私はこの日をボランティアと利用者の皆さんへの感謝の気持ちで迎えたいと思う。それを表すにはどうすればよいかを話し合った結果、ひまわり特製の昆布の佃煮進呈ということにあっさり決まった。この佃煮はお弁当にも時々使っているもので、薄味でしかも柔らかくて美味しいと、時々注文があるシロモノである。

何をかくそう、毎日だしをとった後の昆布を貯めておいて、梅干の種を入れてしばらく煮て、酒、みりん、だし、砂糖、醤油、実山椒《みざんしょう》を入れてじっくり煮込み、水飴で仕上げたもの。これを小さな容器に入れ、ロゴマークを貼り、ポリセロ袋に入れてリボンをあしらった。もちろん原材料表示もバッチリと添付。目下、容器を100円均一ストアーで集めているところ。100個。炊き上げた昆布の第1陣は、また我が家の例の冷蔵庫におさまっている。

（2004年11月）

## ●1年を経て

うれしい悲鳴といえば、ひまわりは1日50食から70食体勢にはいった。9月にはいって口コミの成果が表れ、客数が急速に伸びたのである。その対応のために緊急ボランティア集会を明日開くことになっている。客数の伸びがボランティア一人ひとりの苦しみと疲労に終わらぬよう、喜びを共有したいと考えたからである。

配食のお弁当は、風呂敷に包んで袋に入れて配送しているが、最近、利用者の何人かが風呂敷や袋を縫ってくださる。その中の最高齢の94歳の方は、「私は手を動かすことが好きなんです。そしてできあがったものをさしあげ、喜んでくださる方がいる。これが私の長寿の秘訣《ひけつ》です」と明言される。まさにひまわりとこのようなお年寄りとの協働でこの1年が一歩一歩築かれてきたように思う。

NPOがちょっと苦手な地域の自治会長にも変化の兆《きざ》しが現れ、商店会、連合自治会、まちづくり協議会もNPOといっしょにイベントを開催し、その費用は分担しようというところまでになった。歳末に企画しているチャリティバザー、ミニコンサート、出前講座、新春餅つき大会と盛りだくさんに並んでいるイベントがどう展開していくか、興味のあるところである。

（2004年11月）

## ●リスクを抱えた人の食

最近、お客様の中には糖尿病などでカロリーをお医者様に制限されている方が来られるようになった。そのような方は、まず「ここの昼食は何カロリーぐらいですか」とお聞きになる。「日によって多少違いますが、500カロリーぐらいです」と答えると、「1400カロリーといわれているので、何とかいけますね」と毎回来てくださる。杖をついて足も少し不自由なひとり暮らしのおじいちゃん、夜はニチレイの治療食を900円でとっておられるとのこと。リスクを抱えた方の食の管理は並たいていではない。ひまわりの限界も心得ておく必要がありそうだ。

「お味噌汁がこんなに美味しいとは思いませんでした」といわれる方。私ものんでみた。さすがにだしがよくきいて美味しい。このだしの旨味は守り続けたい。やはりひとり暮らしの男性。紅玉《こうぎょく》りんごの甘煮がとても気に入ったらしく、材料からつくり方までていねいに質問される。「ジャムとかアップルパイなどのお菓子には紅玉が一番なんですよ。これは無農薬なので皮ごとザク切りにしてレモン汁、白ワイン、砂糖を入れて、中火で煮ます。ただそれだけです。しばらくおいて冷めると皮の赤がきれいに発色し、果肉はピンクに染まるのですよ」。

こんな会話は私にとって一番の楽しみ。いつの間にか疲れも吹っ飛んでしまう。

実りの秋は、食材が豊富で献立を立てるにも気持ちがはずむ。緑の葉菜も春菊、ほうれんそう、水菜と事欠かない。わらにさしてつるした唐辛子の赤が目にしみる。唐辛子の種を取り、はさみで輪切りにしてごま油で黒くなるまで炒め、みりん、酒、砂糖、醤油を入れて、切り込みを入れたこんにゃくをバリバリと音高く炒め煮した雷こんにゃくも、ピリッと味がしみて鰹節《かつおぶし》をまぶすとさらに美味。昔懐かしいさつまいものつるを野菜担当の馬場さんが店先に並べる。ひまわりの一品にと茹でて炒め煮にしてみる。食材の豊富な今日でもなかなかオツな味。「救荒食」とは思えない。私の女学校時代、栗林《りつりん》公園（香川県高松市）でつくったさつまいものつるを思い出す。こんな昔の素朴な味を提供するのもうれしい。

（2004年11月）

## ●1通の手紙

「ふれあい食事処」と称しながら、ひまわりは椅子が17席しかない。実は最近、12時から12時半頃にお客様が集中し、ふれあいどころではない状態になる。1時になると完売する、という噂が広がっているのかもしれない。そんな中で、少し時間をずらしてゆっくりされるお客様もいる。

Fさんもそのおひとり、時々お友達と来られて、食後のコーヒーまで味わいながら楽しそうにお話されている。

そのFさんから、先日、CD2枚を添えて1通の手紙が届いた。

「食べてほっとするような、幸せになるような食事、美味しいコーヒーを飲む至福の時、心癒《いや》される思いをひまわりでいただいています。この間、テレビでモーツァルトの音楽が流れていました。この音楽を植物に聴かせると、成長が何倍も早く、大きくなるということです。また、人が聴くと健康によいということです。モーツァルトの音楽は宇宙の音楽を取り入れているとか。大阪市立大学が開発した『宇宙音楽』のことが新聞に記載されていました。このCDをさしあげます。宇宙の波動で何か神秘的な気分になり、爽快になります。先生はご自分のお体を酷使《こくし》されています。先生のお体のことが心配で、つい出過ぎたことをしてしまいました。ほんの少しの時間でもいたわってください。そんなことにお役に立てば――と思って」。

Fさんは80歳でひとり暮らし。いまもいくつかのサークルに入っておられ、友人と学びあう楽しみを知っておられる。ふたりの娘さんは東京と山口に在住。ある時、「老後に不安はないですか」の私の質問に、「不安はまったくありません」の返事に、質問を続けることができなくなった。きっと自律的な暮らしをしておられるのだろう。

それにひきかえ私は何なんだろうと思う。たしかに週4日は朝早くから12時間あまりひまわりに拘束され、ハラハラ、ドキドキ、イライラの3重奏でかなりストレスはたまる。でも家では時間があると泥のように寝るといった暮らし。健康管理を人前では話しながら、自己のそれはまったく無為無策。さすがに私もFさんの手紙にはまいった。CDから流れる音楽は聞こえてくるというものではなかった。せせらぎの音、かすかな虫の鳴き声、遠くの風の音、そして風鈴の音色にいたるまで、それはたしかに聴くという私側の心の準備がなければ体になんの響きもないものだった。それはいままでの私の暮らしにはなかった〈無〉の境地をつくっていた。

（2004年12月）

## ●食を通したコミュニティの胎動

1周年の記念特別献立と特製昆布の佃煮のおみやげは好評だった。配達されたお弁当に目をうるませたMさん、「120パーセントよ」と喜んだEさん、さまざまな反響があった。2年目は順調に滑り出した。ひまわりを必要としている利用者の方たちが私たちの支えになっている。

NPOひまわり会は法人格はとっていないけれど41人の会員をもつ。利用者は会員制ではないので正確な数は把握できないが、ほとんど固定されてきた。そこに口コミで新たなお客様がおいでになる。厨房の規模からいってもう満杯というところだろうか。

これからは数の問題ではなく、私たちが最初に掲げた〈食を通した福祉コミュニティづくり〉をいかに定着させていくか。さらにコミュニティビジネスとしての経営基盤もおろそかにできない。来年の3月で県の助成対象としての期間は終わる。目下、民間の財団への助成申請を検討中である。1年5か月の間に鍛えた足腰はこの試練に耐えられるであろうか。

2003年11月、木枯らしの舞う中で、私たちは食事提供の目標として「忘れられた旬の味、季節を取り戻す。昔懐かしい家庭の味、そして栄養バランスを考えた安心できる食事」というフレーズを考え、日々実践してきた。このことは、予想以上の反響を呼び、地域の人々、とくにお年寄りの気持ちに浸透し、一体化した。

食文化の継承というものは、本来家庭を通して行われるものであろう。しかし、現在のようにその家庭の機能が壊れた時代に、どこでその代替ができるのだろうか。いま70、80代の方々は、かつて家族の食事をつくり健康を支えた。いまひとりになって「自分ひとりのためにつくることが面倒になった」と一様におっしゃる。

地域の中の小さな単位で、この方々のニーズを汲《く》み上げた「ふれあい食事処」が必要なのではなかろうか。そこでは、生産者とつながるパイプがあり、安心できる食材が提供され、めずらしい食材ではそれを使った料理のレシピも話し合う。昨秋には、むかご飯、むかごの天ぷら。冬には、ふろふき大根にあしらうごま味噌のつくり方に質問が集中した。春には山菜のあくの抜き方。そして再び巡ってきた秋には、さつまいものつる、きくいもの根という救荒食まで飛び出した。店内の壁の写真は「錦秋《きんしゅう》の紅葉」、見事にゆく秋を演じている。

（2004年12月）

## ●やはりイベントは楽しい

オープンから1年経って、やっと明舞地域の一員として認知されたひまわりであるが、地域の地縁組織との交渉の窓口は私であり、私ひとりが腹を立てたり、喜んだり、ひとり芝居していたのかもしれない。今年は団地の40周年、再生をかけた12月5日のチャリティバザー、この行事に呼応して明舞センターで活動するNPOアグリネットとひまわりで企画した「出前講座」と地域の母親グループ・小学生グループによる「明舞交流ミニコンサート」は、直前までひまわりのイベントとしてボランティア・スタッフに理解されなかった。

というより、日々の忙しさの中でスタッフに投げかけることを怠った私の責任でもあるのだが。12月に入ると、私のあせりは時々気のおけないスタッフに向かって爆発した。「毎日、毎日、調理ばかりやっていたらいいというもんじゃないんだから。NPOには、福祉コミュニティづくりという命題があるんだから」とわけのわからないことをぶつけたりしてびっくりさせた。

みんなともっとミーティングしたいと思いながら、へとへとになってそれができないもどかしさを感じていた。でも、バザー本番の5日が近づくにつれ、バザーの品物をもってきてくださるお客様、配食担当の大竹憲司さんがお年寄りからもらってくる品物で、店内は荷物の置き場に困るほどになった。前日の4日の値段つけの作業では、私の心配はどこ吹く風、ボランティアたちはバザーの掘り出し物の醍醐味《だいごみ》にはまってしまっていた。

そして本番当日、大勢のボランティアが参加して予想以上の売上げ。急遽《きゅうきょ》昼食のおにぎりの炊き出しをするなど、乗りに乗った。「出前講座」への参加、ミニコンサートの警備もやってくれるなど、私の心配は吹っ飛んだ。誰もが日曜日の貴重な1日をバザーに提供してくれたが、心底楽しんでいた。ミニコンサートに出演した小学校5年生の、手話とともに歌う「いのちをうたいましょう」に感動した。久々にこころが洗われる思いであった。こうして、私たちはイベントによってまた新たなパワーを得た。お互いの輝く表情の中に。

（2005年1月）

## ●もっと各地に

11月25日、大阪の肥田《ひだ》和子さんを通じてかねてから依頼のあったオパール・ネットワーク大阪のメンバー12人が見学に来られた。堺、奈良にお住まいの方もおられ、遠路はるばるのお越しで恐縮した。いま、元気なシニアの活動はさまざま見聞きするが、このメンバーのお一人おひとりがアクティブに生きておられ、それらの息づかいが狭いひまわりの店内に充満した。

話し合いの中で、とくに私のこころを捉えたのは、「このような食事サービスをしてくれるところは老親の住む神戸の鈴蘭台《すずらんだい》にはないだろうか」「大阪池田に住む母親にこのような食事を食べさせたいが」という話題だった。

まさにこのことは、最近の私自身の胸の中で悶々《もんもん》としている課題と重なった。48平方メートルの狭いひまわりでは70食が限度。これ以上ニーズが増えた場合は、現在のスタッフがそれぞれの地域に分散して営業するより方法がないのでは――ということであった。それこそがネットワークづくりではなかろうか。

こんな思いを目下、高校の専任講師をしている大石鈴子さんに話したところ、奇《く》しくも「実は、私もいまその構想を描いているんです。もっと具体化するまで温めていようと思ったんですが、とうとう先生にいってしまった」の答えをもらった。彼女はかつての私の教え子、短大では調理学実習の助手をしてもらっていた。ひまわりの配食が、現在明石地域に延びているが、前方にかすかに光が見えたような気がする。

（2005年1月）

## ●あの日から10年

1995年の1月17日。阪神・淡路大震災に見舞われたあの日から10年。神戸ではさまざまな形で10年目の検証が行われている。ここ明舞地域のお年寄りにも、震災の爪跡はどのような形で残っているのだろうか。

ひとり暮らしのKさんは、震災後お連れ合いが体調を崩して帰らぬ人となった。以来、外食とテイクアウトを嫌ってひとりで食事をつくり続けた。そんな彼はひまわりの味を気に入った。「ひまわりは命の泉」といった人だ。最近はにこにこと、「栄養つけに来ました」と入ってこられる。シャイな彼ははっきりいわないが、ひまわりの食事に亡くなられたお連れ合いの味を思い出しているのかもしれない。

震災直後に胆石《たんせき》を発症、苦しみぬいた後回復したMさんは「私の命は震災で終わったも同然。

生かしてもらったいまの命は、私を待ってくれている人のために使いたい」とヘルパーにボランティア活動にいきいきとした毎日だった。ところが転んで骨折、彼女の生活は暗転した。10年の歳月は彼女に再び苦しみをもたらした。お年寄りにとって10年目の２００５年1月17日。震災は風化したどころか、さまざまな形で重くのしかかってきている。

明舞団地の高齢化率（65歳以上人口比率）は被災時は兵庫県とほぼ同率の15パーセントだった。ところがどうだろう。いまでは県平均をはるかに超えて26パーセント、5年後の２０１０年には31パーセントと予想されている。改めてひまわりの存在理由を思う。バス停で出会う人の大部分はお年寄りである。

（２００５年2月）

## ●福祉は「ヒト」も「ハコ」も

昨年（２００４年）暮れ、明石市立生涯学習センターで、ひまわりのことを中心に話す機会があった。題して「食を通した福祉コミュニティづくり――48平方メートルからの発信」とした。講演のレジュメをつくるにあたって、私はお店の図面を見ながら実測した。48平方メートルは使用不能部分を除くと45平方メートル。うち厨房は10平方メートル、野菜販売に8平方メートルをとっている。これで60食から70食をつくり、お客様にサービスして、配食するという毎日。厨房は狭い上に動線がうまく考えられているとはいえない。

こんな不備をカバーするのは、そこで働く人たちが知恵を働かせるより方法がない。ボランティアたちは、見事にそれをやってくれる。食中毒を起こさないように。ケガや火傷をしないように。業務用のガスバーナーの火力は家庭用とは比較にならないほど強い。

「新しい料理が覚えられるから」といった初期のボランティアの感想は、1年たったいま、質的に変化した。それは、みんなで知恵を出し合って狭い厨房を働きやすくする中で、お互いの交流が深化したということだろう。それを側面から支えたのは、配食を受けているお年寄りからの、手づくりのお弁当包みの風呂敷や袋のプレゼントであるかもしれない。また、食堂に来られるお客様がお正月だからともってきてくださる羽子板からかもしれない。

いつのまにかひまわりは、利用者とボランティアとこのお店にかかわる人たちで支えていこうという雰囲気が醸成されてきたのではなかろうか。それは、ほんとに小さな小さなことの積み重ねにほかならない。すべてがうまくいっているわけではない。私は日頃から福祉は「ハコ」ではなく「ヒト」だといってきた。でもここの狭い不合理な厨房でせめぎ合いながら働く姿を見て、「ハコ」も必要だと痛切に感じた。ましてや事業として立ち上げたNPOである。

太田さんは私に苦言を呈した。「ひまわりが地域の人に期待され食数が増えて発展することが、ボランティアたちの喜びにつながらず、むしろ忙しくなり、シンドイと感じさせるようでは問題ですよ」。

たしかにこのことは、最近頭のどこかにずっともち続けていたことである。善意の積み重ねだけではなく、具体的な目標を明示し、そのためのシステムをつくるということではなかろうか。ひまわりはどこに向かおうとしているのかを話し合うことが避けて通れなくなった。2005年3月で県が募集した明舞団地の再生とコミュニティ活性化事業の2年間の助成期間は終わる。ひまわりにとってもひとり立ちする転機である。その足腰は、正味1年半でつくれただろうか。ラッキーな船出から、力量が試される第1の試練ということになりそうだ。

いま、お店の中は初春一色に塗り替えられている。ギャラリーの壁面には「竹取物語」と題した緑を基調にした染めの作品。この空間をやすらぎの場として、食べることを楽しみ、それによって癒される場として確保しなければならない。

摘《つ》み草の季節、春はもうそこまでやってきている。

（2005年2月）

# 2章

# 人が物を呼び、物が人を呼ぶ

～助成期間を終え、自立をめざす

売り上げ整理・日誌などの記録をする 入江さん

## ●外憂は快方に

いよいよ2年間の明舞団地再生モデル事業は終わり、新しい自力の出発である。3月13日は地域住民への報告会がある。がむしゃらに走ってきた正味1年半のこれまでのことが走馬灯のように思い出される。

いま、私は肉体労働者をもって任じているものの、足の裏が痛く立っていられない時もあった。膝が痛い、腰が痛いなどの体の訴えと、いまでは上手につき合えるようになった。この冬は、2回も風邪をひき、4年ぶりに内科医に診察してもらった。老体は環境の変化に素早く適応できないものの、ゆっくり適応していっていることを私自身実感する。生命体の不思議を体感しているともいえる。今日、1か月ぶりに鍼灸《しんきゅう》師を訪ねた。彼も私が足の裏の痛みを感じなくなったことに驚いていた。

人と人のつながりも、ゆっくりできていくものだと改めて思う。時間と積み重ねの大切さをつくづく感ずる。NPOがよそ者と見られていた初期の段階から、地縁組織からも地域の一員として、協働しようとする姿勢が感じられる現在に至る紆余《うよ》曲折の日々も、いまとなっては懐かしささえ感じる。しかし、当初から一貫していることは、ひまわりを必要として、利用してくださっているお客様とのつながりを、原点として大切にしていることである。きっと私は報告会で、お客様のお一人おひとりの顔を思い浮かべながら話すことになるだろう。外憂は快方に向かっている。

新しい出発にあたって、私の心配はスタッフの生活問題である。配食担当の大竹さんは、ひまわりでの報酬の他に、グループホームでのヘルパーとしての仕事をもっていたが、身体的事情もありグループホームの仕事をやめた。病身のお連れ合いと子どもを抱えた大竹さんの生活保障をどうするかは大きな問題である。

一応、経営は順調で、今年の1月から、ボランティアの報酬にも少々のアップを試みた。内部を固めることがひまわりにとっての緊急課題である。

（2005年4月）

## ●春は野草の苦味を盛る

京都の北山杉の木立を通り抜けて、北へ車を走らせること1時間、谷川の流れはいつの間にか反対になっていることに気づく。「ああ分水嶺《ぶんすいれい》を越えたのだ」。水はもう若狭湾《わかさわん》に注いでいるのかと、自分の現在地を改めて認識するあたりに、摘み草料理の1軒のお店「花背《はなせ》」がある。春たけなわの4月下旬というのにここはまだ早春の趣《おもむき》があった。花背を訪ねたのは、もう20年も前のことだろうか。摘み草料理の1品、1品はこれから命を躍動《やくどう》させようとする自然の恵みをいただくのである。蕗のとうを焼いて味噌をつけて食べる料理は素朴ながら絶品だった。口いっぱいひろがる苦味、これこそ春の味である。私の野草採取はここから始まった。

せり、つくし、のびる、わらび、たらの芽、よもぎ、山うど、こごみを昨年のひまわりのメニューから拾い出すことは簡単である。それほど毎日のメニューに登場した。幸い野菜の搬入といっしょに入ってきた。ひょうご農業クラブのある兵庫県の西北部、相生《あいおい》、千種《ちくさ》からのものだった。

神戸長田の「駒どりの家」でのボランティア仲間の今井貴恵さんは、野草、薬草の研究家でもある。今年もはじめて蕗のとうをひまわりにもってきてくれたのは今井さんである。せりの採取に誘ってくれるのも彼女である。蕗のとうがひまわりの厨房に届いた時、一瞬、本日のメニューの変更がひらめいた。でも60人分には足りない。すかさず、お弁当を配食してくれている竹内とよみさんが「うちの庭にもあります」と取りに帰ってくれ、60食の天ぷらができあがった。このチームプレーのすばらしさに私は支えられている。最近、ひまわりのお弁当が静かなブームを呼んでいる秘密はこんなところにありそうだ。

土曜日に野草採取、翌日は料理教室

（2005年4月）

## ●はじめてお目にかかる鮭

楽観的にものを考えがちな私は、「案ずるより産むが易《やす》し」を信じてきた。ところが3月までのモデル事業が終わり、県住宅供給公社との新規契約をめぐって、私の思惑通りにはことは運ばなかった。一時は、4月1日からしばらくひまわりを閉めなければならないところまで追い詰められた。「それだけは絶対避けたい」の必死の訴えで何とか逃れられたが、問題はただ先送りになっただけで、根本的なことは、未だに何ら解決していない。

そんな時、体長90センチもの塩引きが届いた。送り主は山形県酒田《さかた》市に住む大場広子・金子博夫妻である。明石公園は桜が満開。「どうしてこんな時期に鮭なの。粕汁《かすじる》の季節でもないのに」と不審に思いながら包みを開けてびっくり。黒々とカチンカチンに乾いた鮭。まるで讃岐《さぬき》のカンカン石のよう。お目にかかるのもはじめての鮭である。どうしていいかわからず、早速、酒田に電話をいれた。

金子氏いわく、「それは塩引きといって、薄く切ってあぶって食べれば、最高に美味ですよ。これは6か月も風乾したもので、そのできばえはつくり手によって違うのです。名人といわれる人がいたりして。今回いいものが手に入ったのでお送りしたのです。4、5年はもちますよ」。驚いた。早速明日のひまわりのメニューの中に入れたいと考えていたのだが、ひとまず私の研究対象として吊《つ》り下げておこう。わが家の玄関に吊るした鮭は、通るたびに牙《きば》をむいて私に襲いかかりそうな格好である。

『聞き書山形の食事』（農文協）をひもといてみた。庄内平野・最上《もがみ》で鮭が出ており、「いお」

「よう」と読ませていた。しかし、カンカン石は発見できなかった。4、5年は大丈夫、ゆっくり調べてみよう。

（2005年5月）

## ●人が物を呼び、物が人を呼ぶ

塩引きに続いて、広島の因島《いんのしま》から安政柑《あんせいかん》に八朔《はっさく》が届いた。近くの川で採れたせりをどっさり、神生《しんせい》昭夫さんが届けてくださった。神生さんは、リタイアしたシニア男性7人で自ら「7人の侍」と称して神戸市北区でふれあい食事の会と子育て支援をやっている。蕗のとうを自宅の庭から採ってきてくださった竹内さんが、今度は成長した蕗を届けてくださった。人が物を呼び、物が人を呼ぶ有様で、久しぶりに豊かな気分にしてくれた。

「蕗の葉の佃煮」はたったいま我が家でできあがったばかり。茹でて、しっかり冷水にさらしてあくをとり、細かく刻んでごま油で炒め、酒・みりん・醤油・砂糖・だし・ちりめんを加えて炒り煮したもの。ほろ苦さがなんとも食欲をそそる。

配食のチーフ大竹さんが辞める日。彼にとっては最後のお弁当の確認をしながらのつぶやきが私の耳に入った。「ここはほんとにいいところだよなぁ」。こんな心中の彼を、辞める選択しかないところまで追い詰めたことが悔やまれた。

配食の対象は一人ひとりニーズが異なっている。それぞれの家族関係、経済状態、身体状況、性格を把握することが要求される。単なる弁当配達ではない、見守りもある程度必要になってくる。ひとり暮らし、高齢夫婦暮らしの場合、それぞれにかかわっているケアマネジャー、ホームヘルパーとの連絡を密にすることも必要だろう。

チーフの大竹さんが辞めてからの毎日は、ほころびを繕うように、なんとか穴埋めをして1日が過ぎていく。「下痢とおう吐でお弁当を食べていないんです」「軟食にしましょうか? おかゆがいいですか?」。朝の電話の応答である。

スタッフは誰いうとなく、「入江さん、おみずでしょう。やっぱりホステスやらなくては」(お弁当を届ける方のご都合やら体調を、毎朝まめに電話をして把握することが大切という意味らしい)。ンン、私にできるかしら? 崖《がけ》っ淵《ぷち》に立つ思いである。

(2005年5月)

## ●ゆく人、来る人

配食サービスを受けていた89歳のKさんが亡くなった。今日が葬儀である。いつも酸素ボンベを抱いてベッドに横になっていた。お弁当をお届けすると、枕元の缶の中の100円を6つ数えてくださる。なんともいえないやさしい手だった。近くに住むIさんが、ひとりで食べるよりふたりで食べる方が楽しいと、ベッドの側で昼食のひと時がはじまる。この光景は、これからの地域給食へ発展するだろう高齢者の食事の原型ではないかと、いたく感動した。大晦日《おおみそか》の午後、我が家からお届けしたおせち料理に涙ぐんで喜んでくれたとか。京都からKさん宛に送ってきたゆばを、ダンボール1箱そのままひまわりへくださった。ひとりの高齢者とのつながりの糸をたぐり寄せると思い出はつきない。

近くに住むTさんが、最近ひまわりのことを知ったと、毎回昼食を食べにこられる。新顔である。88歳のひとり暮らしで、昼は運動のために歩いてひまわりへ、夜の食事は配食。1日に2食の利用者である。ヘルパーさんには掃除と洗濯、食事づくりは自分で、という日々が長く続いていたが、食欲もなく、おっくうになってしまったとか。「食事がこんなに楽しいものだとひまわりの食事で改めて感じるようになりました」と目を輝かせて報告なさる。うれしい瞬間である。

アッという間に過ぎる1か月だが、悲しいこと、うれしいことに遭遇《そうぐう》したり、さわやかな気分を味わったり、ヘトヘトに疲れたり。まあ、なんと変化に富んでいることか。でもないと、11時間労働はやってられないよね。

4月中旬の休日、念願叶ってせり摘みに出かけた。「入江さん、腰を痛めて翌日休むのは許しませんよ」とスタッフの視線はかなり冷たい。しかし、4度目の挑戦である。ふりそそぐ太陽、さわやかな風、おいしい空気、そしてせせらぎの音。もうこれで十分である。今日の収穫はせり、わらび、のびる、クレソン。明日からの食材になりそうだ。来年は4月はじめにせり摘みツアーを企画しよう。

（2005年6月）

## ●ふってわいた？ 事業計画

3年目のひまわりの事業内容について話し合わなければと思いつつ、私自身の構想がまとまらないまま、日々の忙しさに先送りになっていた。突然、県の担当課から、内閣府の「地域再生に資するNPO等の活動支援」を受ける意向の有無の照会があった。というより、明朝9時までに事業計画と予算書を提出せよとの電話に、ほぼ徹夜に近い状況でまとめ、とりあえず提出した。

事業額は100万から500万という。貧乏がしみついている私は、どうしても170万から180万という線に落ち着く。内閣府からの指導・修正も含めて最終案提出までの5日間は、事業計画と格闘した。①食事サービスによるふれあい交流活動、②配食サービスと共にひとり暮らしの高齢者の見守り活動、は当然のことながら、③異世代交流によるコミュニティ活動と、④食に関する情報交流の拠点を入れたかった。大それたテーマではあるが、現実にひまわりでは日々のふれあい食事の中で、これらのテーマと取り組むことを余儀《よぎ》なくされている。お客様のニーズはそれほど多様である。

いま〈食〉に関する情報は、巷《ちまた》に溢れている。しかし、それは一般論として投げかけられただけで、答えは消費者が出さなければならない。とくに高齢者においては、自分の抱えているリスクとの関係において考えなければならない。〈食〉は普遍的であると同時に、きわめて個別的なものである。長年生きてきた中で培った嗜好《しこう》、生活習慣は、そう簡単に変わるものではない。

その点、食事をしながら、目の前の食材を味わいながらの話題提供は、ごく自然に周囲の人も巻き込んで、健康の問題、安全、食文化の伝承まで展開されていく。このあたりをひまわりのセールスポイントとしてクローズアップさせていきたいと思う。内閣府からの事業は全国的なもので、近畿ブロックで1、2件。1週間後に選にもれたとの連絡が入った。先進性に欠けるところがあったのかもしれない。

（2005年6月）

## ●鮭の酒びたし

ところで、酒田から届いた鮭の塩引きの後日談である。我が家でひとり占めはもったいなくて、ひまわりの店頭に飾った。堂々たるもので人々の目をひいた。大西さんがデジカメにおさめ、いよいよ出刃包丁で5ミリの厚さにそいでいった。終わった時には出刃包丁は鋸《のこぎり》と化していた。やっぱりすごい。半分は酒に1晩つけて塩抜きし、焼いてほぐし、なますに入れた。珍味として酒の肴としてが一番、噛めば噛むほど味が出てくる。調理用語辞典では、鮭の酒びたしとあり、「カチカチに干し上げた鮭の塩引きを薄くそぎ、酒またはみりんにひたしたもの、酒の肴によい」とある。残りの半分はみりんに漬けて1晩おき、焼いて皮をとり、ミルにかけて「そぼろ」にした。明日は「鮭そぼろ飯」にしよう。ごまに刻み大葉でもまぜるとオツな味になるかも。

（2005年6月）

## ●ひまわりを生活の張り合いとして

最近の高齢者にはなかなかおしゃれな人もいる。ひまわりのお客様の中にも「お帽子のおばあちゃま」の愛称で親しまれている仲のよいおふたりがいる。帽子をかぶり、いつもフードつきのパーカー風の上着を着て、杖をついて来られるOさん。開店以来、毎回お見えになる方だが、一方のMさんは透析のため火曜日はお休み。お医者様の指導で塩分と水分を制限しておられる関係で、味噌汁はほんの少し、まるで双生児のように服装を揃《そろ》えて微笑ましいカップルである。

そのMさんが何か珍しいものや初物をお出しすると、「これで7日命が延びた」とつぶやかれる。私たちスタッフもおもしろくて、ついつい真似《まね》て喜んでいる。

Kさんはなかなかのモボ（モダンボーイ）。赤いチェックのシャツにベストを着て黒のコールテンの帽子という服装。ひとり暮らしの昼食をここでゆっくり楽しんでおられる様子。それぞれが顔見知りとなって、声をかけ合う関係が築かれていく。

Sさんは、最近まである宅配のお弁当をとっておられたが、だんだん食欲がなくなり捨てることが多くなったとか、「食欲がなければ生きがいもなくなり、ひきこもりになっていました」とおっしゃる。ひまわりを知り、ここに来るのが楽しみになって生活に張りが出てきたとか。ついには「島根まで写生旅行に出かけますので3日間お休みします」と告げてお出かけになった。87歳である。

時々見学者も訪れる。明石生涯学習センターの男性料理教室受講生が見学に来られたのは3月のこと。その中のひとり花田日出夫さんは、料理を勉強したいのでと調理ボランティアを申し込まれた。こちらは配食担当者を探していたので、火曜日は調理ボランティアに、金曜日は配食担当に、という契約が成立。花田さんは現在、かたや煎りごまのすり方の学習、かたや地図を片手にマイカーで配食に奮闘。昨年9月お連れ合いに先立たれた65歳の男性である。

こうしてひまわりという場を媒体として、人と人のつながりができていく。

（2005年7月）

## ●利用者に学べ

ここは、48平方メートルの狭い空間だが、改装の時に一方の壁面にレールをつけたのは正解だった。ギャラリーとしての機能もあり、1か月ごとに変える展示は、3か月先まで予約で埋まっている。

最近では、近くの明石市立高齢者大学の絵画クラブの専属ギャラリーの感があり、日本画、油絵、水彩画と目を楽しませてくれている。出展者の友人、知人も来店し、大変なにぎわいになることがある。見慣れた風景が描かれている時は、さらに話題が広がり、この狭い空間は優しさに包まれる。写真、シルクスクリーン、キルト、染め、水墨、油絵、日本画はそれぞれに気持ちを和ませてくれた。

95歳のIさんがつくってくれた和紙のフランス人形も人目をひき、譲って欲しいとの申し出があり、困惑している。

それにしても、ふと気がついてみると、驚くほどのつながりができている。この人たちのパワーを引き出すことができれば、ネットワークもほんものになるだろう。そういえばIさんがいつかいっていた。「私が元気なのは、私がつくったものを喜んでくれる人がいるから。私の生きがいはそんなところにあるのです」。

こんな言葉の中に、95年、凛《りん》として生きてきた人の人生哲学があるような気がした。そうだ！忙しいスタッフが教えることばかり考えないで、利用者に学ぼう。まず手はじめはIさんをお呼びしてフランス人形の手ほどきを受けよう。「昔は家族のために食事の支度をし、手のこんだお料理もつくったが、ひとりになるとおっくうで」という方にご出場願おう。

外はもう汗ばむ初夏。梅、らっきょう、新生姜、にんにくと八百屋さんの店先にはうず高く積まれている。食品加工に腕をふるううれしいシーズンでもある。「つけ梅！」「つけ梅！」の声は初夏の風物詩でもある。

（2005年7月）

## ●あっ！ 首が回らない

寝違えたわけでもない、ある日気がついたら、私の首が回らなくなっていた。

ずいぶんこき使ったから、ストでも起こしたのだろうと、タカをくくっていたが、1か月になろうとしている。左後頭部に痛みが走ることに不安がつのり、内科と整形外科の診察と検査を受けた。CTでも異常なく、血液検査では白血球の数値が異常に高くなっていた。とりあえず、痛み止めと胃薬をもらってきた。痛み止めは歯医者さんから1錠もらったことはあったが、毎食後という経験はない。多少の不安はあったが、やや痛みが軽くなったこともあって服用を続けた。しかし、2日前の朝、突然に副作用が表れた。足が腫《は》れ上がり、私自身の足と思えない。そこで、しばらくご無沙汰している鍼灸師を訪ねた。いま、わらをもつかむ思いで東洋医学と西洋医学の間をゆれ動いている。体の声を聞くということは、ほんとうはむずかしいことなんだ。とにかく痛み止めを服用することはストップした。

それにしても過密ダイヤが続いている。「食からひろがる福祉コミュニティ」の講演依頼、近くの高齢者大学校の講義、男性料理教室など、ひまわりの日常にプラスしてのスケジュールを笑顔でこなすという軽業をやってのけている「私」って何なのだろう。しかし、この職業用の笑顔は、家に帰った時、気のおけないスタッフとのひまわりの厨房では、見抜かれてしまう。「入江さん最近､時々疲れた表情になる」。そうなんです。左後頭部の痛みは絶え間なく襲っているのだから。

先日､熊本のWeフォーラムでお会いしたフリー編集記者の山家直子さんが､カメラマン同行で､朝の9時半から4時まで東京からわざわざ密着取材に来られた。『スーパー・カフェブック』別冊に、地域貢献や社会的意義のある店を取り上げたいという趣旨での来店だった。お帰りになってからのお礼状に「スタッフのみなさんの奮闘、そして何よりお昼を召し上がるみなさんのご様子に、ひまわりのかけがえのない価値を感じました」とあった。そうなんだ。ボランティア・スタッフはひまわりにとってかけがえのない存在なんだと改めて思った。

（2005年8月）

## ●配食ニーズの高まり

久々に、かって配食担当だった大竹さんが訪ねてきてくれた。彼が辞めてからの配食体制はガタガタである。とくに、夕食へのニーズは高くなっているにもかかわらず、それへの対応は十分とはいえない。現在、4人であたっており、さらに2人増える見込みになっている。人数が増えると、それだけ利用者とのコミュニケーションが大切になってくる。また、そこにはひまわりとしての統一した方法が示され、運用されなければいけない。利用者カードの整備と管理、日々の集計責任、利用者のエリアと交通路の図、そして何よりも一人ひとりの体調、嗜好などの記録が整備されていなければならない。

ひまわりは、治療食の宅配ではない。しかし、細やかに利用者のニーズに応えることをモットーとしている。Kさんは肝硬変《かんこうへん》を患い退院しているが、油ものは避けたいとのことで、天ぷら、フライが主菜の時は焼き物へ変更し、別メニューとなる。昼、夕食2度の配達では、当然、夕食は別メニューとなる。お弁当が出発する前は、お互いに確かめ合う呼びかけで騒然となる。

これが活気がある瞬間といえるのかもしれない。首の回らない私も、認知症だといいながら、何度も確かめる側に回る。配達が出発すると、みんなほっとする。それから、最後の作業である食器・調理器具・ふきん・お弁当箱などの煮沸消毒。すべてが終了するのは7時半ということになる。長い長い1日が、あっという間に終わる。

30数人のボランティアがどのように動いていくかは、ひまわりの事業を継続・発展させるキーポイントである。7月にボランティア集会、8月にはNPOひまわり会の総会が予定されている。実務と実践力が期待されるボランティア、後方支援を担うひまわり会の有機的な関係性が築かれてこそ、ひまわりの未来が約束されるというもの。私の首もいつまでもストライキをやっていられなくなるだろう。

最近、この「ひまわりの日々」の連載を、松本さんがコピーして飾り棚に置いておくと、利用者のお年寄りが持ち帰ったり、食事の後熱心に読んでいる方など、それなりの反響がある。とくにそれとなく察しがつくように書かれている当事者は、読んで自分のことが話題になったことに満足気である。お一人おひとりの日々の暮らしに、刺激を与えたことになるのかも。この2ページの拙文《せつぶん》から、新たなつながりが生まれることを期待して。

（2005年8月）

## ● Weのやさしさに触れて

毎年、夏のWeフォーラムが終わると、夏も半分過ぎたという感慨にひたったものである。それは20年あまりの習性である。今年は何回目だろうか。1983年第1回は江ノ島神奈川県立婦人総合センター。私の参加は第2回の御殿場《ごてんば》からだから、今年は23回目。2階の書棚の隅のフォーラムの封筒を調べてみると、なんと整理のいいことか。不思議に全部揃っていた。22年間の私の1部が凝集されている思いである。

ところで、久しぶりの関西での開催にもかかわらず、私は今回ほとんど実行委員としての仕事はしていない。若手の参加もあり、「Weの会関西」も世代交代というところだろうか。2日間、Weのやさしさに触れて緩み放し。「私マッサージうまいのよ」「テルミー（温熱療法）やってあげるよ」と、次々と部屋を訪れてくれる人たちの好意に身を預けていた。極めつけは解散の前に、Weの会の加藤昭仁《あきひと》くんから、書込みがいっぱいのかなり読み込んだと思われる1冊の本『骨盤にきく』（片山洋次郎、2004、文藝春秋）をプレゼントされたこと。「このポーズを寝る前に必ず実行してくださいね」の言葉と共に。彼の言葉どおり実行し、毎晩おだやかな眠りについている。ありがとう加藤くん。

翌8日は、ひまわりの営業日である。前日とは打って変わっ

初期のひまわりの外観、入口で有機野菜を販売

て5時起床、シャキッと出かけなければならない。山形の大場・金子夫妻と娘の民ちゃんにフェミックス（We編集部）の中村さんのご来店である。NPOの草分け的存在の金子さん、取材で鍛えた中村さんの目からのアドバイスはいずれも厳しい。「このお店のアプローチは難あり（入りにくいし、何をやっているところかわからない）」と中村さん。「でも中に入ると、やさしさが満ちていてほっとするでしょう」と私。いずれ中村提言について考えてみよう。

（2005年10月）

## ●秋を届ける収穫物

今年の8月の終わりは、朝夕ほんの少し涼しかった。季節の変わり目を感じさせてくれる頃、確実に収穫物は秋を届けてくれる。小芋、さつまいものつる、むかご、栗とひまわりのメニューにも秋色が添えられる。

1年中店頭に並んでいる小芋も、この季節のものは格別。やわらかくて粘りがあり、ごぼう、人参、こんにゃくと共に炊き込んだご飯は、お年寄りは大好物である。

さつまいものつるは、戦争中の救荒食品。食べ物のない時代を生き抜いた人には昔懐かしい味であるが、いまは珍味であろう。1本、1本皮をむき、茹でてきんぴら風に仕上げるにはかなりの手間と時間を要する。私の夜中の作業となる。

大西さんが栗の渋皮煮をつくってきてくれた。栗が割れないように仕上げるには、やさしさと

## ◆ 秋から冬　旬の食材を取り入れたメニューの代表例 ◆

9月

- ひじきとおくらとみょうがの酢のもの
- 五目豆
  （大豆、大根、人参、ちくわ、こんにゃく、ひじき）
- なすの田楽
  （なす、八丁味噌、けし粒）
- さつまいものつるの佃煮

10月

- さんまのロール揚げ
  （さんま、梅肉、大葉）
- 揚げ豆腐のきのこあんかけ
  （豆腐、筍、人参、えのき、しめじ、乾椎茸、土生姜、鶏ミンチ）
- さつまいもの茶巾
  （さつまいも、挽き茶）

11月

- きくいものきんぴら
- やまくらげのなめこあえ
- エゴマ菜ミンチ肉はさみ揚げ
- 鮭の柚庵焼き
- ヤーコンのきんぴら
- むかごのかきあげ
- むかごご飯
- 菜飯（大根葉）
- 柿なます
- 大根、
  人参の皮のきんぴら

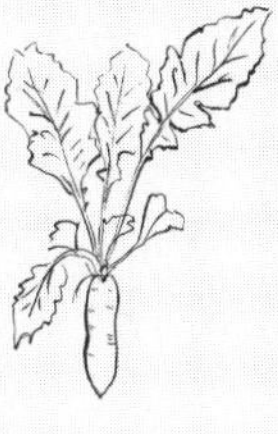

12月

- 押麦・きび入り飯
- 青菜の白あえ
- 黒米（古代米）入り飯
- 変わりごはん
  （梅肉、豆腐、しらす干し、大根、ごま）
- けんちん汁
  （豚肉、豆腐、人参、人参葉、こんにゃく、うす揚げ、ごぼう、小芋）

1月

- かぶらのカニあんかけ
- 手づくりひろうす、だいだい酢
  （豆腐、乾椎茸、ひじき、きくらげ、人参、ぎんなん）
- 鶏肉の梅酒煮（鶏胸肉、れんこん、糸こん、ぎんなん、梅酒）
- 粕汁
  （ごぼう、大根、人参、小芋、うす揚げ、こんにゃく、鮭）

2月

- ふろふき大根（八丁味噌、大根）
- 石狩鍋
  （生鮭、豆腐、生椎茸、白菜、菊菜、人参、味噌）
- 長芋のダンゴ、きのこあんかけ
- 鶏のつくね鍋
  （鶏ミンチ、生姜汁、卵、菊菜、白菜、人参、ねぎ、あなご、生椎茸）
- きんかんの甘煮

根気が必要である。見事なできばえだった。

ボランティアの今井さんが葛《くず》の花を届けてくれる。早速天ぷらにして、すだちとともに秋刀魚《さんま》の前盛りに。酢の物に入れると、かわいいピンクに発色する。

長野の「気楽房」からプルーンが届く。一部はジャムに他はなまのままデザートに。これで初秋の膳の完成である。

今夏の鯖《さば》は不思議に脂がのっている。明石の海で採れる鯖は、生姜煮にしても、味噌煮にしてもおいしく、夏鯖とも思えない。本来なら秋鯖に比べ10パーセント程度水分が多いはずであるが、今年はかなり水を加えないと焦げそうになる。よく太った秋刀魚の登場。この季節これらの魚を抜きには献立は考えられない。それも素朴な調理法ほどよい。棒焼きにして大根おろしとすだちを添えると絶品である。

（2005年10月）

## ●「食文化の伝承」をテーマに

神戸市垂水区魅力アップ事業への応募。助成申請、事業活動のプレゼンテーションとかなり時間がかかったが、やっと助成内定の通知が届いた。現在行っているNPO活動のネットワークを利用しての新たな活動となる。考えると、「食文化の伝承」をメインテーマに異世代交流をはかること以外に思いつかなかった。高齢者がサービスの受け手としてだけでなく、長年培ってきた生活の知恵や、食文化の伝承者となることによって、若い世代との交流をはかり、コミュニティづくりの担い手となるよう、ひまわりは仕掛けを考え、サポートすることになる。

さしずめ、秋はイベント屋さんになることである。「こんなだいそれたこと、誰が考えたのだ」ともうひとりの入江さんが文句をいう。「やるしかないじゃないか。同じやるなら楽しくやろうよ」と答える。私の中にも絶えず葛藤がある。

9月18日、親子クッキングでスタートを切ろう。そこで若いお母さんたちと仲良くなろう。米粉を使ってキャベツ焼き。生春巻き。だんごの粉を使った米粉だんご入りフルーツポンチ。3品親子で参加費300円。ポスター完成。講師は若いスタッフの栄養士が快くひきうけてくれた。子どもたちは粉をこねることが大好きである。楽しい光景がきっと展開されることだろう。

一番の難問は、食文化の伝承者となるお年寄りの掘り起こしである。Hさんは？ Bさんは？ 何人かのゲスト候補者の顔が浮かぶ。やっぱりこれはお正月料理として11月に組もう。それまでゆっくりハンティングだ。

（2005年10月）

## ●3世代クッキング

親子クッキングというよりは3世代クッキングといったほうがふさわしい、ひまわりのイベント第1弾は、盛況のうちに終わった。真新しいエプロン・三角巾に身を包んだ園児ひとりに、母親とおばあちゃん、知人のおばさんも加えて4人というにぎやかさ。それでも主人公は子ども。不安な面もちながら、しっかりと卵を割りほぐし、米粉を使ったキャベツ焼きができあがる。いい表情である。

30人が発するワイワイガヤガヤに、道行く人も立ち寄って、「こんなことが催されているとは知らなかった。どこに申し込んだらよかったのですか」とこちらの宣伝不足を指摘されたり。若いおかあさんたちは、ひまわりとは初対面、「次回のイベントもぜひはがきで知らせてください」とのこと。てんやわんやの半日は無事終了。スタッフも、日々接している高齢者とは異なる雰囲気を感じていた。

（2005年11月）

## ●大西さんの不在

野菜とコーヒー担当の大西さんが、敦賀《つるが》のエネルギー研究センターに週4日行くことになった。彼の本来の関心分野の仕事であるだけに、喜んで送り出さなければいけないことはわかっているが、ひまわりにとっては大きな痛手である。金曜日1日だけのひまわり勤務で、1週間分の野菜の発注、配食表、月間予定表などの作成、留守中の段取り、地元団体との折衝など黙々とこなしてくれる。しかし、私は片足をもがれた状態。

今年度は、野菜販売と食堂の機能を検討した上でシステム化しようと考慮中だったが、担当者がいないという最も単純な理由で、否応なしに一体化せざるを得なくなっている。「人が足りない」「人が欲しい」は、私の現在の切実な気持ちである。大西さんいわく、「入江さんは、ひまわりの周辺でこの人はと思った人を逃さずアタックしなければ、現在の人材不足の危機は救えませんよ」。まさに彼は私に食虫植物になれというのか。

大西さんのいない1週間は、ハチャメチャのうちに過ぎた。お隣のピザハットの青年、お向かいのスーパーの若い店員、2階の陶器店の店主に助けを求めた。よくぞ近隣と仲良くしていたものだ。

大西さんはコーヒーをいれることが趣味であり、脱サラして自分流のコーヒーショップをやったことがある。ひまわりでの野菜担当は、彼の本意ではなく私が無理にお願いしたものだった。しかし、エネルギー問題に関心のあった彼は、春先の山野草が店先に並び、そのあく抜き、食べ方をお客様と話し合う中で、自然の恵みと省エネが結びついていることに気づき、目の前に並んでいる野菜を眺め、感動すら覚えたという。そして、彼流の野菜の販売にようやく興味をもちはじめたところだった。

（2005年11月）

## ●1か月遅れの献立表

愚痴をこぼし、感傷に耽っている間に、自然の恵みは秋を届けてくれる。新米にさいころに切ったさつまいもを炊き込み、黒ごまを振りかけると、秋の味覚さつまいもご飯となる。緑の葉菜に飢えていた食卓に、瑞々《みずみず》しいほうれんそう、小松菜、チンゲン菜が並ぶ。さつまいもは、お年寄りはお好きである。オレンジ煮、甘辛煮、さつま汁、ごぼうに人参、小えびを入れてかきあげもおいしい。

20年来おつきあいのある信州の小松農園から、りんごの新種「秋映《あきばえ》」と「紅玉」が届く。秋映は酸味があり、シャリ感があるのでサラダに。紅玉は皮ごとイチョウに切り、レモン汁と砂糖を加えて煮ると、ルビー色のコンポートができあがる。皮ごと使えるのも、小松農園のりんごを何度かこの目で確かめ、農薬に毒されていないことを知っているからである。信州の澄み切った空、肌寒くなった晩秋、帯状に常緑樹と落葉樹が織り成したダイナミックな木曽《きそ》の山々が懐かしい。りんごジャムは淡いクリーム色だと思っている人には、きれいなピンク色のりんごジャムは不思議な色らしい。私の友人にルビー色の皮だけ集めて欲しいという人がいる。小さなびんに皮だけ集めて送ることにしている。

ひまわりの献立は1か月遅れてできあがる。献立とは栄養価を計算して1か月か、せめて1週間分を前もってつくるのが常識である。「もう、オープンして2年になるのだから前もって献立発表できるでしょう」といわれる方がある。つくれないのではない。つくらないのである。主菜に前物《まえもん》（明石の海でとれる魚のこと）を使う場合、前日までわからないのである。太刀魚《たちうお》か秋刀魚かによって献立全体は大きく変わる。冷凍魚を使うのなら、この問題は一挙解決であろう。

10月が終われば、10月の献立はこのようなものでしたとホームページに紹介されることになる。こんな意地っ張りのお店なのです。お許しください。

（2005年11月）

## ●味の変化に鋭い指摘

異常気象でなかなか秋は深まりを見せてくれない。朝夕少し冷え込むかと思えば、日中は汗ばむほど。お客様の中には、冷たいお茶を希望される方が11月になっても後を絶たない。それでも家の庭のせんりょうの実が赤く色づき、今年も残り少ないのかと、ふと日常に帰ったりする。

昼・夕の配食を含めて1日70から80食、完売の日が続くとうれしい悲鳴をあげる。人々は、この盛況を安いから？　美味しいから？　栄養のバランスがいいから？　と聞く。私はそのいずれにも絞れない気がする。ひと言でいうなら「昔懐かしい家庭の味」というところだろうか。

それが1日1600カロリーに制限された糖尿病患者の方のニーズに合うのかもしれない。いま、予備軍も含めて、日本全国の糖尿病患者は成人6人にひとりといわれている。ひまわりには糖尿病と闘っているお客様が最近増えてきた。そのような方から、ほんのわずかの味の変化でも指摘される。「最近お味が少し濃くなりましたね」となかなか手厳しい。「入江さんはそのたびにショックで落ち込む」とスタッフの間で評判となっている。

（2005年12月）

## ●イベントが続く秋から冬

日々の忙しさに加えて、秋から来春にかけてイベントが続いている。

10月31日、ひまわりオープン2周年記念の特別献立は、赤飯、おでん、お刺身（前物のハマチ）、青菜のごまあえ、お吸い物、抹茶羹《まっちゃかん》に手づくり五目豆のおみやげつき。休みを返上して前日は仕込みにがんばった。

11月16日～20日までは、まちづくり広場で「高齢者の食べ物と栄養 パートⅡ」と題した展示と試食会。今年はとくに朝食メニューと生活習慣病の問題を取り上げる。もちろん糖尿病をメインに。目下、私は糖尿病の学習にねじり鉢巻である。どのようにアプローチしていけばよいか、むずかしい問題だけに頭の痛いところである。

今年はできるだけ具体的に、毎日の食生活にすぐ利用できるようにとの配慮から、食物繊維として野菜をたっぷりとるには温野菜。温野菜をおいしく手軽に食べるための、ごまだれ3種、ディップ・ソース2種のつくり方と試食。ふろふき大根、湯豆腐、温野菜、デザートに紅玉りんごとラ・フランスのコンポートつき。はたして来場者の食生活が変わるだろうか。市販の合わせ調味料の氾濫《はんらん》の中で、何人の人がオリジナルなものをつくってくれるだろうか。

12月4日は、明舞地域全体のチャリティバザー。

17日は、古老に聞く伝承料理講習会。講師になってくださるお年寄りだけはメドがついたものの、受講生の若い層への働きかけはまだ手つかずの状態。

18日の明舞ふれあいクリスマスコンサートは、NPOひまわり会主催。300人のホールは予約済み。出演するゲストは地域の多聞台《たもんだい》福音教会のK牧師のお骨折りですばらしい組み合わせ。素敵なポスターも完成。この小さなひまわりが打って出た大きな賭《か》け。成功するだろうか。ひとり胸を痛めて「だめかもしれない」と弱気になっていると、強力な助っ人が出てきたりして、雰囲気は盛り上がってくる。なんとも不思議なものである。インドネシアの楽器を演奏する障害児たちのアンクルン・オーケストラ、ヴァイオリンとギターの演奏、韓国ドラマの主題曲のフルート演奏、そして、みんなでいっしょに歌おうクリスマスという内容。はじめて見るインドネシアの楽器。私はいまドキドキしている。

そして22日は、前日から煮込んだ本格派ビーフシチューをメインにしたクリスマス献立で食堂の営業は終了。

ただし、おせち単品料理の予約販売が29日、野菜販売は年末まで続く。

食堂は、ひまわりまで足を運ぶことのできる人への食事サービスである。足を運べない人たちへの年末年始の食事サービスはどうなるのか、懸案となっている。配食担当の森井章さんは、利用者からの質問に回答を先延ばしにしている。ヘルパーはどの程度入ってくれるのだろうか。息子さん、娘さんはどうかかわってくれるのだろうか。一人ひとり状況が異なっている。

配食サービスは見守り活動をせざるを得なくなると日頃考えているが、家族の風景まで見えてくる。一律に切ることはできない。高齢者夫婦世帯、しかもおふたりとも腎臓が悪く人工透析をしているNさんのことが脳裏をかすめる。路地を回って玄関を開けると玄関先のベッドにおじいちゃん、右の部屋におばあちゃんが酸素ボンベを抱えて寝ている。この人たちをどうすればよいか。私自身の年末年始はどうなるのだろう。

（２００５年12月）

## ●福祉と福祉？のはざまで

ひまわりの事業が少しずつではあるが変化してきている。「ふれあい食堂」で地域のお年寄りたちが気楽に語り合うたまり場、ほっとする場を提供し、時にはミニ・デイサービスによってさらにふれあいを深めることを意図し、その効果を徐々に確かめていた初期の段階がいまとなっては懐かしい。

昼食は11時半から1時半までとなっているにもかかわらず、1時頃には、お客様は「もうなくなった？」という挨拶《あいさつ》とともに入ってこられる。ということは11時半から12時半までの1時間は、まさに戦争状態、狭い店内は満席でひっくり返った有様で、完売御礼の張り紙が出ることもしばしば、こんな状況がお客様をほぼ1時間に集中させる結果を招いている。

「ふれあい」はいったいどこにいったのだろうかと自問自答する。しかし、ボランティアたちには、夕食の配食の準備が待っている。ミニ・デイサービスはいつの間にか吹っ飛んでしまった。

夕食のお弁当の配達が増えはじめた頃から、調理の山が2回に増える結果となった。別メニューと称するお弁当は、昼食・夕食をひまわりに依存している人たち向けである。

昼と異なるメニューのお弁当をお届けすることになり、1日2食ということは、この人たちの命を預かっていることになる。栄養バランスはいうまでもなく、料理の嗜好、食品のバランスにも気を配らなくてはいけない。腎臓病、糖尿病などなんらかのリスクを抱えた人たち、ひとり暮らし、高齢者夫婦世帯、最近では、認知症のひとり暮らしの方も増えてきた。急速な病状の進み方にトラブルを発生させながらの日々である。

このような方たちのお弁当の申し込みは、たいてい息子・娘といった近親者が多い。中には遠縁の方、ケアマネジャーということもある。私は、見守りということもあり、夕食のお弁当の配達には時々かかわっている。そこで目の前に広がる光景に、「これはまさに福祉の世界だ」と唖《あ》然《ぜん》とする。ひまわりの限界を超えている。

神戸市ではお弁当の配達は民間業者を導入している。夕食の配達は2時から3時ということもあり、適切な対応とはいえない。また、一部にはケアマネジャーとこれらの業者のつながりも取り沙汰《ざた》されている。高額年金所得者の認知症の方をめぐる複数のヘルパーたち、後見人制度の適用がしっかりチェックされなくてはと思う。福祉の裏側の不透明部分を否応《いやおう》なくのぞく羽目になり、ひまわりの事業の限界と理念のはざまで、いま、私はゆれている。画一的に事務的に処理できないところに意義を見出しながら、それに対応できる人的配置、内部体制がいまだに確立できないことにいらだちを感じはじめている。

（2006年1月）

## ●ボランティアの関係深まる

師走になると急にあわただしくなる。寒波襲来にふるえながらのチャリティバザーは雨と重なり、期待するほどのにぎわいはなかったが、収集から値札つけ、お客様とのかけひきなど、結構楽しいイベントだった。日々の調理作業では見せない一面にも出会って、ボランティア同士のつながりは深まったようである。ボランティアは曜日によって出勤する日が定まっているので、曜日の異なるボランティアと日常的にはほとんど交流がない。休日の出番はつらいが、イベントを通して共に楽しむことは、これからのひまわりの活動を飛躍させてくれることだろう。

チャリティバザーが終わって、ほっとする間もなく、17日の「伝えたい日本の料理」と題するむかご料理3種と正月料理の準備に忙しい。

18日のクリスマスコンサートは今年のハイライトになりそうである。出演ゲストの魅力もさることながら、K牧師の全面的な協力によって、団地に波紋を広げている。食堂に来られるお客様も、結構楽しみに待っていてくださる。ボランティア・スタッフも、おみやげは何にしたらいいか、飾りつけは？　など忙しい合間を縫って話し合っている。ひとつのものを成功に導くための小さな提案は、とても貴重である。やっとみんなが動き出した。まちづくりサポーター会議でも気運は上々。当日の感動が、もう私の中では鼓動をはじめている。

ひまわりの食膳にも、冬の野菜がたっぷりのぼりはじめた。大根は何といっても冬の王者。おでん、ふろふきと存在感がある。かぶらの白さと甘味。水菜は食養生では体を温める野菜となっている。あの葉のきざみがパワーのもととか。からしあえ、煮びたしにしてもほどよい苦味があり、冬の季節を感じさせてくれる。白菜といえば、何といっても鍋物。先週は、特製ごまだれで、豚ロースしゃぶしゃぶを主菜にした。白菜漬けは冬の風物詩、半分に切って軒下に並べていた幼い頃の原風景が懐かしい。

青菜の豊富な季節、ほうれんそうに菊菜をまぜたごまあえはひまわりの定番メニュー。明日は少し手をかけてお豆腐をたっぷり使った白あえにしよう。1日2種類の献立を考えるのは大変でもあるが、楽しいものでもある。

（2006年1月）

## ●年に一度の特製ビーフシチュー

この冬は、各地で記録的な積雪が報ぜられている。昨年（2005年）の最終配食の日、ここ神戸でも朝から雪化粧で、スリップを案じながらの車の運転に私も同乗した。明石、神戸共に市バスは午前中運休、午後から雪も止み、どっと繰り出した車で道は渋滞。お弁当の配達も大幅に遅れてしまった。でも、2日間かけてつくった特製ビーフシチューをぜひ温かいうちに食べて欲しいという願いは、なんとか叶えられた。

牛肉は、上すじ肉、すね肉、バラ肉の3種に塩・胡椒をふり小麦粉をまぶし、バターとサラダオイル半々で炒め、赤ワインをふりかけて味を締める。ジュウという音、なんともいえない香り、やっぱり料理はその過程での音と香りが決め手だなとひとりで悦に入る。前日から鶏がらとブーケガルニでとったブイヨンを入れて煮込む。仕上げは大石さんがつくってきてくれた黒光りするほど炒めたブラウンソースにトマトピューレである。もちろん人参はシャトー型、じゃがいもは面取りする。

お客様にお出しする前にキャセロールに入れパン粉を振り、ほんの5ミリ角のバターを上置きしてパセリのみじん切りを振り、オーブンに入れてコクを出す（ひまわりでは残念ながらオーブンがないので、業務用魚焼き器を使用）。キャセロールと格好よくいったが、ボランティアがそれぞれ自宅からスープカップを持参してのサービスである。

「なぜそこまで凝るの」といわれそうだが、シチューに添えたサラダとデザートのババロアに、糖尿病のお客様も舌鼓をうっておられる。私は内心ちょっと脂肪過多かなとひやひやしながら、まぁいいか、1年に一度のクリスマスだもの、と自分を納得させたりして、複雑な気持ちである。

（2006年2月）

## ●アンクルンの感動

それにしても新しい年になったいまも、昨年のコンサートの感動がよみがえってくる。「アンクルン・オーケストラ」の演奏である。

インドネシアの竹は節と節の間が長い。この長さの違いを利用して、管楽器の音階となっているのである。指が使えなくてピアノやギターを弾けない子どもたち。手で触って振るだけならできるのではないかと考え、竹の輸入に取り組み、その実現に8年の歳月を費やしたという。クリスマスソングにヨハン・シュトラウス2世の「美しき青きドナウ」の見事な演奏は、胸が熱くな

2

## ◆ ビーフシチュー ◆

牛肉は部位によって味・値段が大きく異なっています。ここでは、煮込めば煮込むほど味が出るすね肉と口のなかでとろけるバラ肉を半々で使いましょう。

### ■ 材　料（4人分）

牛バラ肉200グラム、牛すね肉200グラム、塩・胡椒少々、小麦粉大1、油大1、赤ワイン大1、生姜汁大1、スープストック（水にコンソメの素2個を溶かしたもの）5カップ、ブーケガルニ（セロリの葉、パセリの葉、月桂樹の葉などを糸で束ねたもの）　1束、油大2、玉ねぎ2分の1個、小麦粉大2、人参1本、玉ねぎ1個、セロリ2分の1本、じゃがいも2個、トマトピューレ2分の1カップ、塩小1と3分の1、バター・パン粉・刻みパセリ少々

### ■ つくり方

① 牛肉は3センチ角に切り、塩、胡椒をして小麦粉をもみこみ、フライパンに油を入れ、強火で色づくまで炒める。
② 肉を深鍋に取り出し、赤ワイン、生姜汁を振りかけ、スープストック、ブーケガルニを入れ、弱火で煮込む。浮いたアクをすくい取る。
③ フライパンに油を入れ、薄切りの玉ねぎをきつね色になるまで炒め、小麦粉を入れ焦げ目がつくまで炒め、煮汁でのばして深鍋に入れる。
④ 人参、玉ねぎ、セロリ、じゃがいもを大きめに切り、トマトピューレと塩を入れ、野菜がやわらかくなるまで煮込む。
⑤ キャセロールにバターを薄く塗り、シチューを入れ、パン粉を振り200度のオーブンで10分間位焼き目をつけると、一段とコクが出る。

るのを覚えた。この曲に取り組んで、2年の歳月がかかったとのこと。一朝一夕にこの日が迎えられたのではない。「ひまわりの日々」はまだ2年と少し。比較にならないと私は思わずつぶやいた。

この子どもたちのほとんどは、ひまわりのすぐ近くにあるプレゼント・ガーデンという園芸療法小規模作業所のメンバーである。コンサートの翌日、代表のTさんが美しい花の絵葉書をもって挨拶に来られた。「プレゼント・ガーデンは、知的に障害をもつメンバーがお花を育てながら自分を育てる作業所です。メンバーが育てた花々の一番美しい時を使って作品に仕上げました。美しさに感動できる心に私たちは役立ちたいと思っています」のメッセージが添えられてあった。

私はこれまで、この作業所が近くにあることすら知らなかった。「明舞」がわかったような気になっていたことが恥ずかしくなった。しかも、Tさんはひまわりによく来られる92歳のおじいちゃんの息子さんのお連れ合いなのだ。不思議なところでつながっている。「NPOを立ちあげて、この活動をもっと広げたいのです。いろいろ力になってください」とTさん。新しい出会い、新しい世界がひらけたような清清《すがすが》しい気分になった。

ひまわりがこの地域でやることはいっぱいある。でも、いつも「食を通した福祉コミュニティづくり」という原点に立ち帰り考えるとしよう。

3月には「伝えたい日本の料理」として、野草料理の講習会を計画している。この子たちと野草を摘みにいくのはどうだろう。かつて私が勤務していた大学で、男性料理教室を担当したことがある。同じやるなら食材の採取からということで、学生といっしょにせり、つくし、のびる、わらび、たらなどを摘みにいったことがある。よもぎすら知らない学生にびっくりしたり、富栄養化したせりを見て川の生態系について議論したり、はては疲れて草の上で大の字で寝たり、調理以前に楽しい経験をした。そのつながりから、退職後にはじめたひまわりに、学生たちはVnetとして参加してくれた。休暇中は2人ずつ来てくれている。

人と人のつながりはおもしろいところで発展する。プレゼント・ガーデンの子どもたちとのつながりも、未知数だけに楽しみでもある。

寒さが厳しかったこの冬だからこそ、春が待たれる。

（2006年2月）

## ●あかちゃんやーい

「もっと手軽においしい離乳食を」と呼びかけた、ひまわり講座第2弾も無事終わった。終わってみれば、おいしそうにごくんごくんと手づくりスープを飲むあかちゃんの顔が目の前にちらついて、なんともいいようのない豊かな気分になる。ポスターやチラシをつくってくれた大西さんが「イベントって大変だけど、やってよかったと充実感で胸がいっぱい

離乳食講習会

になりますよね」と感慨を込めていう。そのひと言に私は救われた気持ちになる。

「あかちゃんが風邪気味なので」「お姉ちゃんの卒園式に出て疲れてしまって」とキャンセルの電話に私は青くなり、道行く乳母車の若いおかあさんに趣旨を説明して参加を呼びかけたり、明舞センター内の小さな集まりに出かけて「お孫さんに離乳期の方はいませんか」と誘ったり、なりふりかまわずの勧誘に走った。スタッフの太田さんに「入江さん！　乳児誘拐犯で引っ張られないようにしてね」と忠告されるほど、頭の中はあかちゃんでいっぱい。

家に帰ると、ユニークな経営で知られているK幼稚園の園長先生から電話。「入江さん、子どもを探してるんですってね。よく内容がわからないのだけど、どういうことですか。保護者の方にあたってみましょうか」とうれしい申し出である。感謝しながら、チラシを添付ファイルで送る。

思えば悲壮な1週間だった。この地域ではお年寄りはよく見かけるけれど、あかちゃんにはなかなかお目にかかれない。ちなみに明石市役所のホームページで調べると、この地区での0《ゼロ》歳児は約70人。少なすぎるといったらいいのか、われわれの情報発信の不手際といったらいいのか。

（2006年4月）

## ●お互いに学び合えるひまわり講座

そもそもの発端は、一昨年の夏、まちづくり広場で「高齢者の食べ物と栄養展」を開催した時、センターの4階に住む若いおかあさんから「離乳食を実習して、子どもといっしょに試食できる会を開いて欲しい。保健所では一方的なお話でなじめない」との要望があったことによる。

昨年の3月に、離乳食を取り上げる予定だったが、当時はひまわりの存亡にかかわることで私は振り回されていた。遅い対応に、あかちゃんはとっくに幼児に成長していたというわけ。

今回の企画にあたり、私は離乳食の体験交流と実習をメインに考えた。講師には大阪市地域活動栄養士「大地の会」の仲野洋子さんをお呼びすることができた。3人の妊婦、7か月児と10か月児のあかちゃんとおかあさん、そしておばあさん、地域の方やひまわりのスタッフを入れて20人あまり。やさしい大阪弁の仲野さんのお話で、いい雰囲気の会になった。

実習はおかゆ、季節野菜のスープ、じゃがいものおやきで、レトルト離乳食と手づくり離乳食の食べ比べも入れて充実した2時間で、とくに妊婦の真剣な質問が印象的だった。翌日、仲野さんからメールが入った。「昨日は参加者の方からの発言も多く、お互いがいろんな方向から学ん

3

## ◆ 手づくりひろうす ◆

**■ 材　料（4人分）**

豆腐1丁、長芋20グラム、ゆり根4片、えび4尾、きくらげ4グラム、乾椎茸1枚、ぎんなん4個、人参20グラム、卵8分の1個、塩・パン粉少々

**■ つくり方**

① 豆腐は湯通しして、木綿袋で軽くしぼっておく。
② きくらげ・乾椎茸は戻してみじん切り。
③ 人参はみじん切りして茹でておく。
④ えびは皮をとり荒みじん切り。
⑤ ゆり根は茹で、ぎんなんは煎って皮をむいておく。
⑥ 豆腐に②③④⑤を入れてまぜ、やわらかさはパン粉で調節する。
⑦ 楕円にまとめて、中温の油で揚げ、ポン酢でいただく。

だり確認する時間になったようです。今後もおかあさんたちのもつ本来の輝きを失わないようなサポートができるよう情報交換しましょうね」。

感慨にひたる間もなく、1週間後には明石市女性センターの男性料理教室の受講生が、最終授業を「ひまわりで研修」と企画され、お出でになる。内容はひまわりメニューの試食と私のお話の予定である。

さて、私の好きな春3月のメニューは、定番の手づくりひろうすを主菜に、蕗のとうの柚子《ゆず》味噌（蕗のとう、柚子、白味噌）を前盛。副菜に、大根の柚子あんかけと菜の花のからしあえ。蕗のちらしずし（錦糸卵、蕗、鮭そぼろ、あなご、人参、しらす、きぬさや、椎茸、酢生姜）と味噌汁（わかめ、麩、うす揚、青ねぎ）。デザートはてんぐさゼリーのストロベリーソース添えに決定した。

（2006年4月）

# 3章

# 新たな出発

## ～個の尊厳を基調に

最高齢ボランティア 正木佐代子さん（右から4人目）の卒寿を祝う（2014年1月）

## ●ニーズに応える積み重ねがかもすやさしさ

毎日のお客様の数に一喜一憂した初期の日々が懐かしいほどに、いま（2006年6月）は安定した容数である。お昼の定食30、配食は昼・夕あわせて30、ボランティアの分が8、計70食はコンスタントな食数である。

ほとんどが固定客。お一人おひとりのニーズと体調、家族状況などの身元調査をやったわけではないが、わかりあえる関係。主菜が天ぷらの日に、脂肪摂取を医師から制限されている方が来店された時は、すかさず、ねたが焼き物に変わる。こうした対応がごく自然に行われる雰囲気はいつの頃からつくられたのだろうか。

「あまりにもお客のいいなりになるのでは…」「それはお客のわがままだ。入江さんは人がよすぎる」とスタッフからの批判もあった。でも私は可能な限り「ニーズに応える姿勢」をもち続けたいと思った。ニーズは驚くほど多様である。そんな積み重ねによっても、お客様とボランティアが渾然《こんぜん》となったやさしい雰囲気をつくってきたのではなかろうか。

ほっとする居場所としてはまだまだ足りないものがある。時間と空間である。それでも「昔懐かしい家庭の味」を求めてひとり暮らしのお年寄りは、ひまわりまで足を運ばれる。Tさんは「ここでお昼を食べると1日の栄養がとれる。あとはなんにも考えないで食べられるから、気が楽や」といわれる。

（2006年6月）

## ●食のひろばの課題山積み

この3月までの7か月間に10のイベントを実施してきた。日常的なNPO活動を通して築かれたネットワークを基盤に、高齢者のパワーを引き出し、若い世代へ高齢者のもつ暮らしの知恵を伝えていくというもの。しかし、構想と現実にはかなりの距離があった。ポジティブ・エイジングとか活力ある高齢者の台頭とか、超高齢社会に向けて活力ある高齢者へのラブコールは時流であるが、私はこれに乗り過ぎていたのかもしれない。

ざっとこんなふうに、ひまわりの営業日以外の日にイベントが組み込まれた。

2005年9月、おばあちゃんとクッキング
11月、高齢者の食べ物と栄養展
12月、チャリティバザー、クリスマスコンサート、伝えたい日本の料理（むかご・お正月料理）
2006年1月、新春餅つき大会
2月、ひまわり講演会（おいしい楽しい食卓をみんなで伝えよう）
3月、体験交流と実習（もっと手軽に離乳食、みんなで野草採取、野草料理で春を満喫）。

どのイベントも主役は高齢者だったはずだが、現実にはひまわりのボランティア・スタッフだった。

家族の健康を考え、野菜を買いにこられるお年寄りに、むかご料理の講師を依頼した時のこと。いったん引き受けてくださったが、人前ではしゃべれないと断りにこられた。結局、私が聞き取りしてレシピをつくった。講師なんていったから一歩ひかれたのかもしれない。みんなでわいわいやる雰囲気をつくることが先決だったのだろうか。

食のひろばとしての機能をはたすためには、日頃の情報発信も必要だろう。課題は山積みのまま、1年目の垂水区魅力アップ事業も終わった。2年目は「食からひろがるコミュニティ——団《だん》塊《かい》世代へのアプローチ」として男性料理教室をメインにシリーズ化していくのはどうだろう。

4月14日の助成事業の報告書提出、4月29日の報告会で一連のセレモニーは終わった。

5月14日はボランティア総会。いままでもボランティアの集まりは年に2回くらいやってきたが、今回はじめて総会ということで呼びかけた。出席率は上々。パワーポイントの資料を見ながら、お互いにこの7か月を共有したい。そして今後の構想づくりにも参加してもらうことがねらいである。

この2年半にボランティアもずいぶん替わった。ボランティア自身の健康問題、ご家族の介護などでやむを得ず辞めなければならない人など、一時はボランティアの慢性的不足が続いた。現在は新しいメンバーも加えて1日8人、配食ボランティアは全体で6人。やっと整った体制で、新たな出発である。

6月1日から厳しくなった路上駐車規制に神経を使っていたが、配食弁当の積み込み時にまんまとやられた。1万5千円の罰金は痛い。これに対応するためにふたり乗車を厳守することにした。ボランティアの増員は必須である。

それになぜか6月から配食希望者が増えてきた。4時半になるとお連れ合いが入院中の男性など3人が夕食を取りにやってくる。5時を過ぎると「まだですか。忘れられていませんね」と電話をかけてくる男性、男性料理教室を企画してから妙に男性の食生活の自立が課題として浮上する。国勢調査速報によれば、全国にひとり暮らし世帯は1333万世帯、うち65歳以上は405万人、高齢女性の2割、男性の1割がひとり暮らしという。高齢化率の高いこの地域はさらに上回る数であろう。

食数の増加でメニューがマンネリ化していないかが気になる。初期の頃は不慣れながらメニューに新鮮味があった。数と戦いながらも〈旬の素材を食卓に〉を心がけたい。

4

### ◆ なすの利休煮 ◆

揚げなすをゆっくり煮含め、ごまだれをからめた京のおばんざい風

**■ 材 料（4人分）**

なす４本、揚げ油適量、煮だし汁半カップ、醤油大2分の1、砂糖小1杯半、塩少々、練りごま大１、片栗粉・黒ごま少々

**■ つくり方**

① なすはヘタの部分を残し、皮をむいて水にさらす。水気を拭き取り串で表面に穴をあけ、中温の油で揚げて熱湯をくぐらせ油抜きする。
② だし汁に醤油・砂糖・塩を合わせてなすを入れゆっくり煮含める。
③ 練りごまを煮汁で溶き、水溶き片栗粉を加えとろりとさせ、なすにかけ黒ごまをふる。

食欲がない夏のメニューには、さわやかな紫紺色のなすを使った食感も見た目も変化するなす料理がおすすめ。ひまわりのお年寄りは、やわらかいなす料理が大好きです。

（2006年6月）

## ●公平性と個別対応のはざまで

ひまわりでは最近、70食から80食のうち約半分は配食のお弁当。狭い厨房はいつもボランティアであふれ、パニック状態。ふれあい食事処はいつの間にか、集団給食施設としての様相をおびてきた。まだまだ素人っぽいけれど、お弁当屋さんとしての詰め方、決められた時間に配達車を出発させる緊張感など、「お弁当屋さんも楽じゃない」といった気分。

目下の検討課題は、ボランティアの作業を少しでも軽減するための機械化であり、食器洗浄機と洗濯機の導入に頭を抱えている。費用もさることながら、設置スペースが問題。一方、利用希望者をおさえてその数を制限することが、私にとって最も胸の痛む問題である。入退院の狭間での、ひまわりのお弁当の利用が、最近目立って増えてきた。

どこで線引きするか悩んでいる私に、スタッフは「公平性を考えたら結論を出せない」といい切る。「決断できないところが入江さんのいいところであり、悪いところだ」とも。公平性のファクターをあれこれ出して、年齢、家族状態（ひとり暮らし、高齢夫婦）、健康状態、近くに世話をする人がいるか、経済状態（これは見かけではわからない）を一つひとつ検討しだすと迷路にはまったようになる。結局、現在の利用者全体にとってマイナスにならないように、こちらの都合で、配達ルートから外れていないかどうかで決めるのが一番、という結論になってしまう。

糖尿病で入院していたおばあちゃんが退院することになり、おじいちゃんは早速食事を心配して相談にこられた。というより、ひまわりが糖尿病食を配達してくれると聞いたとのこと。最近、間違った情報がひとり歩きして戸惑うことしばしば。私は厚生労働省の認可をとっているケータリングを紹介した。

しかし翌日、「とりあえずひまわりの食事を配達して欲しい」と申し込みにこられた。これを断ることができようか。それでも私は、スタッフの目を背中に感じながら、鬼になって「夕方取りにこられるなら用意しておきます。配達はできません」と返事をした。おじいちゃんはそれでもほっとして帰られた。これはほんのひとこま。日々新たな問題に遭遇する。

食材の質を落としたくない。料理に手を抜きたくない。マンネリから脱したい。豊かな発想とつくる人のこころを届けたい。そんな思いがむくむくと頭をもたげてきた。弁当屋にも、ただの弁当屋でないという意地がある。

8月23~26日、センター2階にあるまちづくり広場で「高齢者の食べ物と栄養展」を開催した。パートⅢである。今年はメタボリックシンドローム「内臓脂肪」の問題を取り上げ、野菜350グラムを1日に食べるには、と調理デモと試食を行った。展示のパネルを読まないお年寄りも、野菜料理に舌つづみを打っていた。

気候異変といわれながら自然の営みは確実に秋をもたらした。夏野菜から秋野菜への移行。緑の葉ものが豊かに入荷するだろう。さといも、ずいき、えだまめ、新れんこん、新さつまいも、季節の変わり目は、わくわくする食材にめぐり合う。

（2006年10月）

## ●手の不思議

やっと念願の食器洗浄機が入った。わずか3平方メートルの厨房に設置できるはずがないと諦めていたが、80食体制ではどうにも手作業だけでは追いつかなくなり、洗濯機と食器洗浄機の導入ということになった。

ひまわりのボランティアの80パーセントは高齢者。「老老」がここでも展開され、機械化にはやや難色を示していた。自分の手に誇りをもち、信じている人たちだ。弁当箱の汚れが落ちないのではないか、ということも案じられた。90万円という代価を払うには、心情的に歓迎されての導入ではなかった。しかし、ここ1年ほど慢性的にボランティアの労働過重は続いていた。

私は思案し、考えあぐねて他の施設を見学したり、集団給食の先輩たちに助言を仰いだり、走り回っての決断であった。先輩たちはいとも簡単に、「機械で全部汚れが落ちると信ずるのが間違いよ。予洗をして食器洗浄機にかけ、最後はやっぱり人の目で点検しなくっちゃ」と私にアドバイスした。まさにその通り。

導入して1か月、評判は上々。1分40秒のサイクルでブザーがなると「はいはい、わかりましたよ」と機械に応対しながらにこやかに笑っている。朝の8時から夜の7時まで、11時間洗い場に立っていた四宮《しのみや》浩子さんには、「黙っていたけど、腕が痛くて腱鞘炎《けんしょうえん》になりそうだったの。楽になったわ」と、さりげなく感謝されたりした。私がねらっていた労働時間の短縮にはつながらなかった。せいぜい30分程度。でも労働の軽減には大きく貢献している。

話題は変わるが、世はまさに手づくりブーム。どこまで信じられるの? といいたいところだが、ひまわりの食事は、まさにその手づくり。触覚を頼りにしないと微妙な状態はつかめない時がある。こねたものの硬さ、軟らかさを確かめるには指先が一番。保健衛生から考えてゴム手袋の使用はわかっていても、手のひら、指先の感覚を大事にしたい。弁当箱の汚れも、目で見て点検して見落としたものも、指先の点検では見事に発見できる。フードプロセッサーで切るより包丁切りの大根の繊切りがおいしいことは、調理科学的に証明されている。不揃いが微妙に味覚に影響しているのであろうか。

ボランティアの太田さんは、ひまわりの揚げ方。彼女の休みの日には決して天ぷらをメニューに組まない。「ひまわりの天ぷらはおいしい」の評判はまさに彼女の手にかかっており、特技とするかき揚げは5本の指でつくられる。食器洗浄機が入って、一見、機械に人が使われる厨房と化したが、やっぱり人の手ほど不思議な力をもつものはない。

（2006年12月）

## ●独居高齢者の食の自立

最近、配食へのニーズは高くなるばかり。「昨日退院してきたのですが、今晩からお弁当お願いします」（86歳、ひとり暮らし）。「明日入院しますので、お弁当は当分休みます」（78歳、膵《すい》臓《ぞう》がん）。「明日から母が入院しますので、父にお弁当をお願いします」（大阪に住む娘）。こんな電話が毎日のようにかかってくる。

ここ明舞団地は高齢化率30・4パーセント、中には40パーセントを超えている町もある。この数字に驚く前に厳しい現実と対峙《たいじ》しているのが「ひまわりの日々」なのである。病人食の看板をかかげていないのになぜ？　の疑問をもつが、虚弱独居高齢者がいかに多いかということ。それは、これらの高齢者に行政も企業も即対応できないということではなかろうか。小回りのきくひまわりが求められるゆえんであろう。

スタッフの松本さんが、いつもお弁当を配達しているSさんに町で出会った時、「ひまわりのお弁当はお野菜を何種類も使っていてお味がいいので」と感謝されたとか。こんなところにも電話のかかってくる原因があるのかも。最近、お連れ合いが入院されたHさん、「妻は以前から入院を予測していたのか、私が困らないようにレトルトの食品をたくさん買ってあるのです。でもそればかり食べていると飽きてきます」「そうですね。それをうまく使ってお野菜を入れていきましょう」とアドバイス。

一人ひとりさまざまな事情を抱えている。これに一つひとつ対応することは不可能である。この人たちが自立への一歩を踏み出すお手伝いが、ひまわりに求められているのではなかろうか。この人たちの「食のQOL（Quality of Life）」を高めるようサポートすることが、新しいひまわりの事業になるのだろうか。

飛ぶように日が過ぎていく。あっという間の1か月。クリスマスもきっと飛んでくるだろう。

（2006年12月）

## ●男性料理教室の効用？

2007年の2月から3月にかけて、ひまわりの電話は鳴りっぱなし。うれしい悲鳴をあげている。神戸新聞の明石版、神戸版に取り上げられたことから、地元明舞団地の方からは、お弁当の配達についての問い合わせ、周辺地域からはカーボランティア、調理ボランティア、フラワーアレンジメントの講師希望に至るまでの申し出があり、ついに登録ボランティアが40人を超えた。ずっと続いていた不足状態が一挙に解決。1日平均10人というボランティアで狭い厨房はごったがえし、食数の増加に対応している。

また、明舞団地再生への一歩として男性料理教室の様子が1ページ大に報じられる等、いささか過剰気味の報道に追いまくられる日々である。でもこの男性たちの表情のいいこと。4回目の講座の1コマであるが、巷のいま流行の男性料理教室とは違うのだという自負。ひとりになって

「食生活の自立」を迫られている男性をサポートする方法の開発ということではじめたが、受講生同士のつながりは上々。その雰囲気がこの表情に出ていると、私はいつまで眺めていても飽きない。

それにしてもこの冬の気候異変は至るところに影響をおよぼしているが、明石の売りになっている早春のいかなご漁が不漁なのは情けない。解禁になってすぐ、成長し過ぎのいかなごに出会ったが、それも行列して1キロと制限された。いつもと同じ方法で釘煮にしたが、どうも気に入らないできばえになってしまった。

3月末に予定している野草採取と野草料理も気がかりである。私のこの思いを察知して「一度、下見に行ってきます」と名乗り出た男性が現れた。ちょっと手を差し伸べれば動き出すこの呼吸に、男性料理教室の今後が約束されているような、ちょっといい気分になる。

男性料理教の様子

（2007年4月）

## ●「結ぶ」へのこだわり

ひまわりでは、配食のお弁当は色とりどりの風呂敷に包んでお届けしている。ボランティアの中には、毎日の洗濯が大変ということで、使い捨てのポリ袋に入れたらという意見もかなり根強かった。しかし、私はなぜかこのことにはこだわって、風呂敷に固執した。

もともと利用者のお年寄りが箪笥《たんす》の引き出しから寄付してくださったり、縫ってきてくださったこともあり、その気持ちに応えたいということもあったが、何よりも私自身、風呂敷に象徴される日本の文化にこだわったということである。少々誇張した表現かもしれないが、毎朝乾いた風呂敷を丁寧にたたむ気分は捨てたものではない。

利用者の中にも「毎日風呂敷が変わるので楽しみです」といってくださる方、「この次はどんな風呂敷がくるか待つのも楽しい。ひまわりさんではきちんと結んでいるので感心します」と思わぬところで褒められたりする。そうなんだ、日本には「結ぶ」という文化があったんだ。ご飯のいらない方には小さなお重箱に副菜だけを入れているが、そのための小風呂敷も届けてくださったりと、最近では美しい風呂敷がいつの間にか増えている。ポリ袋説は消えて風呂敷の美学が定着したようである。

ネットワークというカタカナ文化が流行しているが、お年寄りからいわれた「結ぶ」という言葉に私はハッとして、これからのひまわりの役割を示唆《しさ》されたような気がした。男性料理教室の受講生も食育講座の幼稚園児も、そしていつも足を運んでくれるふれあい食堂のお客様も、それらを「結ぶ」大切な結び目にひまわりはなりたい。

## ●小さな通信

ひまわりの広報誌として「ひまわり通信」がある。4年目にして13号というスローな発行である。一方、昨年から利用者の要望によって、献立を中心にささやかなお便りを書いた「ミニ通信」は、すでに33号を数えている。週末に次週の献立を立ててホームページにアップするのは私の分担。毎週日曜日の夜は、その作業に悪戦苦闘している。いまだにパソコンをワープロなみにしか使えない私にとって大変な修行である。

(2007年4月)

ところがこのミニ通信が意外に人気があることが耳に入ってくる。「ホームページでひまわりの存在を知りました。ひとり暮らしの母に配食してくれませんか」「ミニ通信を楽しみにしているのですよ。ホームページで見て我が家のメニューの参考にしています」など。お弁当の配達に添えて配布すると、92歳のOさんからお手紙がお弁当の空箱と共に返ってきた。「ひまわりミニ通信の献立表をワクワクしながら拝見。思わずやった！とひとりぼっちの部屋で子どものようにばんざいをしてしまいました。4月12日は私の大好きな〝蕗ずし〟だったからです。感謝」こんな声に感動しながら、お年寄りが毎日の食事に寄せる期待に後押しされている。

(2007年6月)

## ◆ ひまわり ミニ通信 No.547 ◆

2017年6月26日

7月2日（金）は半夏生《はんげしょう》の日、田に植えた苗が梅雨明けのこの頃、たこの足のように根付くようにとの思いから、たこを食べるといわれております。また、昔からこの季節「麦わらだこ」といわれ、麦の収穫時が1年中でもっともたこがおいしいといわれてきました。このことは科学的にみると、たこの産卵前がもっともおいしいということになります。先人たちの言い伝えの中に深い意味があることを、今更のように思い知らされます。それにしましても「明石だこ」はさすがにおいしいのですが、「歯が悪くって」と尻込みなさる方もいらっしゃるでしょう。刻んで召し上がってください。梅雨時、蒸し暑い日が続きますと、食欲の落ちる方がいらっしゃるでしょう。さわやかな涼感を呼ぶガラス食器に盛り付けたり、工夫して食卓を整えましょう。

| | 主菜 | 副菜 | 副々菜 | 汁・飯 | エネルギー 栄養価 |
|---|---|---|---|---|---|
| 6/26（月） | ☆豚肉の竜田揚げ<br>豚肉・土生姜<br>人参・レタス | ☆炊き合わせ<br>高野豆腐・人参<br>かぼちゃ・ごぼう<br>さやいんげん | ☆ひじきの酢の物<br>ひじき・大根<br>人参・うす揚<br>きゅうり | ☆味噌汁<br>豆腐・わかめ<br>葱 | カロリー<br>549Kcal<br>たん白質<br>22.4g<br>塩分:2.7g |
| 6/27（火）) | ☆すずきのマリネ<br>すずき・玉葱<br>人参・パプリカ<br>ピーマン・レモン<br>かいわれ | ☆五目豆<br>黒豆・大根<br>人参・ごぼう<br>こんにゃく | ☆さやいんげんの黒ごまよごし<br>さやいんげん<br>ごま | ☆味噌汁<br>じゃがいも<br>うす揚・葱 | カロリー<br>577Kcal<br>たん白質<br>23.7g<br>塩分:2.7g |
| 6/29（木） | ☆肉じゃが<br>牛肉・人参・玉葱<br>じゃがいも・糸こん・さやいんげん | ☆揚げ出し豆腐<br>豆腐・大根<br>土生姜 | ☆きゅうりとえびの酢の物<br>きゅうり・えび<br>大葉 | ☆味噌汁<br>しめじ・麩<br>うす揚・葱 | カロリー<br>579Kcal<br>たん白質<br>23.7g<br>塩分:2.7g |
| 6/30（金） | ☆ヒレカツ<br>豚ヒレ肉<br>キャベツ・人参 | ☆厚揚げと茄子の煮物<br>厚揚げ・茄子 | ☆野菜サラダ<br>レタス・トマト<br>きゅうり・人参<br>ブロッコリー | ☆味噌汁<br>かぼちゃ・玉葱<br>葱 | カロリー<br>616Kcal<br>たん白質<br>23.5g<br>塩分:2.6g |

## ●独居高齢男性の「食のQOL」を高めるために

酒田でNPO活動を続けている金子博さんから紹介された独立行政法人福祉医療機構（WAM）の助成金に応募したのが昨年の10月。神戸市の社協の推薦を受けたのが12月。そして最終の内定通知があったのが3月末。半年かかってやっとの思いで手に入れた内定。その事業の柱は2つ。高齢化率40パーセントを超えるこの地域の、独居高齢男性の「食のQOL」を高めるための自立支援を目的とした男性料理講習の開発。入退院を繰り返す虚弱高齢者への配食サービスを1・5倍に強化。

さらりということはできるが、この事業と1年間格闘することになる。「開発」というところに私は男性料理講習の力点を置いている。そのことによって、ある意味でこの格闘は私にとってワクワクするものに変身してくる。因果な性格だと自分でも思う。それにしても、この事業を思いついた昨年9月は、入退院を繰り返す虚弱高齢者は、ほんの2、3例だったが、現在では、常時数例を超えている。刻み食、軟食をつくりながら、対象を見つめることは、対象のもつ問題を見通し、その顕在化が予測できることをあたり前のことながら実感する。

（2007年6月）

## ●誤情報？のひとり歩き

明石でも1、2を争う料亭から「糖尿病の母に夕食のお弁当を配達して欲しい」との連絡が入り、一瞬わが耳を疑った。「なぜひまわりが糖尿病食なの?」ということと「なぜ飲食業のお店から?」ということだった。最近、リタイア組の男性カーボランティアがおふたり、相次いで病気、そのうちおひとりは入院という事態に少々ナーバスになっていた私は、即答を避けたが、2、3日考えて結局お断りした。

いま、日本人の6人にひとりが糖尿病の患者または予備軍といわれている。現にひまわりでも、糖尿病の教育入院から退院してきた方など数人抱えている。軽度の糖尿病食は健康な人にとってもバランスのよい保健食であることは、すでに常識になっている。でも…でもである。間違った情報が口コミでひとり歩きすることはこわい。

「入院先の病院でひまわりの食事のことを聞きました」という方、メタボリックシンドローム予防食や糖尿病の予防食の展示をした直後、お店に「糖尿病のお弁当を配達してください」と飛び込んでこられた方がいる。糖尿病のタイプは4種類。日本人は少なくとも95パーセントが2型糖尿病といわれている。それにしても情報発信は慎重にやらなくてはとつくづく思う。ひまわりは決して治療食をつくっているお店ではない。減塩で低カロリー食ではあるが。

（2007年8月）

## ●「100食」越え

ついに1日100食をオーバーした。ボランティア不足は周期的にやってくる。とくにカーボランティアの手配は私が最も神経を使う仕事。欠勤のボランティアの代替、穴埋めは分刻みの配達業務を円滑に運ぶためのキーポイントである。私の大きな怒鳴り声が狭い店内に響く。スタッフはその声で「ああ今日も入江さんは元気だ」と安堵《あんど》するという。

100食ということは、メニューが限定され、どうしても単調になりやすい。60食時代に入れていた冷たいデザートに自家製ストロベリーソース添えなどは夢の夢。献立にメリハリをつけて、なんとかマンネリを防ぎたい。そんなことへの苦肉の策として、毎月1日は「お赤飯の日」としたところ、お年寄りには好評だった。続いて、お寿司の日、カレーの日を準備中である。100食にはそれなりの準備と、詰め合わせるための小物も必要になってくる。

利用者のKさんは絵画を楽しむ方。「ひまわりのお弁当は美しい」と表現される。美味しいという方はたくさんいらっしゃるが、美しいといわれた方はこのKさんおひとり。やっぱりうれしい。お弁当は安全で、おいしくて、栄養バランスがよく、美しくなければならない。当然すぎることだが再確認する。

（2007年8月）

## ●ぎりぎりの選択

酷暑の日々にもめげず秋を迎えることができた。秋の訪れがこれほど待たれたことはなかった。9月の初日、残暑きびしい中ひまわりのメニューは萩ごはんをメインに組んだ。山形の大場広子さんからクール便で無農薬のだだちゃ豆が届いたこともあって、秋を先取りする気になった。うるちともち米半々に小豆を入れて炊き、貴重なだだちゃ豆は別に緑鮮やかに茹でて散らす。小豆は萩の紅い花に、だだちゃ豆は萩の白い花に見立てたというわけ。主菜は「はもの照り焼きに新蓮根の甘酢」で、客をもてなす主《あるじ》は秋の気分へと自らをかきたてている。

7月21日、ボランティア総会。ボランティアの集まりは初回は「つどい」、ついで「集会」、昨年から「総会」と称している。懇親を目的としたお互いの交流の意義も認めないわけではない。しかし、サービスの質を高めるためにはボランティアの質の向上は必須であり、何よりもひまわりがめざしている方向を、抱えている課題を共有することが大切であると考えたからである。

しかし、総会資料の事業報告に「許容範囲ぎりぎり」「ぎりぎりの選択」とぎりぎりを2か所

5

## ◆ 萩ごはん ◆

萩の白い花、紅い花を枝豆と小豆の色に見立てたちょっとした工夫で初秋を感じさせる。

**■材　料（4人分）**

うるち米360グラム、もち米120グラム、小豆30グラム、枝豆100グラム、塩・黒ごま少々

**■つくり方**

① 枝豆は茹でてさやから豆をとりだしておく。
② 小豆は洗い、約４〜５倍の水とともに火にかけ、固めに茹でておく。
③ うるち米・もち米を洗って、小豆の茹で水に水を加えて600ｃｃになるようにして米をつけておく。
④ 塩少々と小豆を加え、普通に炊き、炊きあがったら枝豆を入れる。
⑤ 黒ごまと塩でごま塩をつくりふる。

使っていることに気づいた。ゆとりのない私自身がモロに出たのかと苦笑せざるをえなかった。

（2007年9月）

## ●集まってつくる、は楽しい

それにしても50食規模の厨房で100食つくり続けている綱渡り。だからこそ食中毒予防対策には万全を期している。弱かった事務体制も、ボランティアの特技を発掘してようやくシステム化しつつある。後手後手の対策ではあるが、目の前の課題にそれぞれが意見を出し合ってカンカンガクガク、解決の方向を見出そうとする。そして決まって私が謝る羽目になる。なんともうるさい職場である。しかし、こんな空気があれば、今後ともひまわりに将来があるような気がする。学生ボランティアグループのインターンシップ事業でも、ひまわりは人気がある。神戸大の「ぼらばん」、兵庫大の「Vnet」の学生にお客様の目は輝き、喜ばれる。老老の日々に若者はまぶしいのかもしれない。

毎月1回開いている男性料理教室の雰囲気はますますなごやかで、ほっとする場になっている。独居の男性の「食の自立」をサポートするというのがねらいであるが、要するにみんなで集まっていっしょにつくるのが楽しいのである。入院中のお連れ合いの透析に立ち会うため病院に2年あまり通い続けているSさんは、「妻が長期療養のため、自炊歴4年の74歳です。自己流で好きなものばかり食しておれば、不健康になると痛感しておりました。イラスト入りのテキストもわかりやすく、永久保存として活用しております。とくに基本である和風だしのとり方など、毎日の食事にも旨味が増し、うれしく思っております」と感想を寄せている。

青菜が出回り、今年の秋はとくに秋刀魚が豊漁でおいしいと評判である。

（2007年9月）

## ●おひとり暮らしの生活体験交流会

徳島のすだちに続いて、西播磨《はりま》から柚子がどっさり届いた。ひまわりの料理に柚子がふんだんに使えると思うとうれしい。そういえば、ボランティアの犬伏佳子《いぬぶせよしこ》さんの車で西播磨の奥地を案内してもらったのは昨年のいま頃だったか、路に柚子が無人で置かれているのがうれしくて、いっぱい買ったのを思い出す。柚子味噌、大根の柚子あんかけ、菊花かぶの雌《め》しべに、酢の物やおひたし、お吸い物にへぎ柚子をあしらうだけで秋の香りを満喫できる。柚子釜はお正月料理には欠かせないし、柚子風呂は冬の風物詩である。

夏から秋にかけて、ひまわりでは土・日はほとんどイベントが組まれていた。10月14日は「生活体験交流会」と名づけて、連れ合いに先立たれたり、長期療養で独居を余儀なくされている男女の高齢者を外に連れ出し、ひとりになった時をどう乗り越えたかをお互いに語り合う会を企画した。とくに、食生活をどう切り抜けてきたかを話し合うことで、元気をもらったりあげたりしましょうと呼びかけた。

何人参加してくれるか、まったく自信がなかった。この会を思い立った張本人の私自身が、成功はおろか成り立つかどうかさえ案じていた。しかし、こんな時、出番を待っていてくれるのが、男性料理教室の面々である。この教室は、そもそも「食の自立」へのサポートを目的として立ち上げたもの。一般の参加者より1時間も早く集まり、ひまわりのボランティアといっしょにちらしずしをつくって交流会の準備を調えてくれた。

総勢26人の参加で会場はいっぱい。神戸まちづくり研究所の東末《とうすえ》真紀さんをファシリテーターに会を進行させた。常日頃語らずにきたことが堰《せき》を切って出るように、みな、いままでの生活体験を語り出した。

90歳のKさんはひまわりの常連さん。5年前に夫に先立たれた時はひきこもり状態で食欲もなかったが、ひまわりに来るようになって生きかえったとよく聞いていた。でもそのお連れ合いが30歳で結核を患い、子どもを産むこともあきらめて、ひたすら夫の看病と生活のために働き続け、夫が死ねば自分も死ぬ覚悟でいつも青酸カリを所持していたとのことに私は驚愕した。でもこんな話もできる雰囲気だったのである。

Hさんは1年前に妻が脳梗塞で倒れて入院。施設にいる連れ合いに漢方薬を飲ませるために通うことが日課、やっと家の中の様子、どこに何があるかがわかってきた。テイクアウトとひまわりのお弁当でやりくりし、少しは料理もできるようになってきたが、妻に一度、ひまわりのお弁当を食べさせてやりたいとタクシーで届けたという。「タクシー代2400円、高い弁当になりました」と笑っておられた。

近くの魚屋さんで鰆《さわら》を買って味噌漬けまでつくるという、2年前に連れ合いを亡くした男性。家族のためにつくり続けた女性は、自分のためにだけつくるのが億劫《おっくう》になりがちだが、男性もやっているのだと思うと元気を出さなくちゃ、とちょっぴり反省したとのこと。

温かい雰囲気の中で誰もが本音を出し合える、そんな会になった。

（2007年10月）

## ●老いさまざま

「ひまわりさん、最近お客様がふくれあがりましたね」と、お膳をセルフサービスで下げながら、常連のNさんがいう。このところ、開店11時半で12時半には完売の札を出す。わずか1時間ほど満席が続いて終わりというわけ。お客様は売り切れないうちにと急ぐ結果になり、お弁当を詰め終わらないうちに外に列ができる日がある。

そんなある日、2時近くなってのれんをくぐるお客様がいた。「もう終わりですよ」というと「お医者様で待たされて」という。2度ほどこんなことがあり、杖をついて帰られる後ろ姿が痛々しくて、「電話で予約いただければ置いておきますよ」とリーフレットをお渡しした。2、3日して電話があり、お店に来られた。小さい体をまるめてうれしそうにやっとありついた昼食を召し上がる。

「私は97歳、73歳の息子と住んでいます。みなさんのように包丁をもってお手伝いできないし、リーフレットを読んで私に何ができるか考えたのですが、せめて賛助会員になってお金を出したい」といわれた。耳は遠いので大きな声で話されるが、この思考過程にうなった。97歳の選択に一本とられた感じだった。

配食で地域のニーズに応える100食体制を敷いて約半年になる。

「WAMの助成事業の柱のひとつ、配食数を1・5倍にするという強化策で何か手を打ちましたか」と、あるカーボランティアの方に聞かれた。「いえいえ、気がついたら1・5倍になっていました」と私は笑って答えた。「今日退院します。明日から配食お願いします」というケアマネジャーからの電話が一般的。時々、離れて住む近親者からネットでの申し込み。そんなことで、配達先はほとんど虚弱な独居高齢者。

デイサービスとお弁当を組み合わせ、他の日はヘルパーの訪問日と1週間のスケジュールを組んでいる方、抗がん剤を打っていて食欲のない方、退院後も透析を受けるため夫婦で病院の近くのマンションに引っ越してきた方。さまざまな老いの姿に出会い、老いることの厳しさを考えさせられた。

でもうれしいこともある。糖尿と自律神経失調に長年悩まされていたAさん。ひまわりのお弁当を続けて召し上がり、血糖値が下がって、主治医から褒められたお礼にと、花の鉢植え2鉢とメッセージが届いた。

要介護認定者数は厚生労働省の発表によると、全国で2000年4月末218・2万人から2004年8月末400・3万人へと、実に183パーセントの増加率となる。うち要支援で219パーセント、要介護1で235パーセントの増加率となっている。高齢社会、超高齢社会と口でいうのはやさしいが、現実を前にして介護保険の狭間を埋める仕事の重大さにおののく。介護予防の3本柱のひとつである栄養改善を担う配食サービス。一人ひとりのいままで生きてきた尊厳を大切に対応を考えていかなければならない。いまこうしていても、一人ひとりのお部屋の状況、ベッドの様子、表情までしっかり刻み込まれている。

いかなご漁でにぎわいを見せていた明石海峡で船3隻が衝突。流れ出た油の影響を一時は心配したが、何とかひまわりのメニューに釘煮を入れることができた。

（2008年4月）

## ●わがままメニュー

ここ明舞団地にも緑の美しい季節がやってきた。狭いひまわりの厨房から出て緑の葉陰を配食にまわると、こころがなごみ癒される。

100食体制を標榜《ひょうぼう》して約1年。昼は単一メニューでトラブルは少ないが、夕食は大きく2種類に分けられる。ひとつは昼と同じメニュー、もうひとつは昼メニューを召し上がった方につく る別メニュー。ちなみに主菜が魚から肉へ、副菜はごまあえから木の芽あえへと変わる。その境界線に「わがままメニュー」を置く。数は少ないが、肉が食べられない人は主菜だけ魚に変更、刻み食、おかゆ食、鯖アレルギー対応食、わかめ、からし抜きにいたるまで。「入江さん、そんなにいちいち、わがままにつきあっていられないよ」のボランティアの目線を感じながらも、そして間違った名札をつけたというミスを繰り返しながらも、暗黙の了解が得られた雰囲気である。

わがままメニューの名づけ親は配達スタッフの玉木哲郎さん。95歳のひとり暮らしのMさんのふとした発言から生まれた。

Mさんは、配達のたびに手を合わせて感謝され、おいしいとほめてくださっていたが、ある日、肉は全部捨てているといわれた。晴天の霹靂《へきれき》である。私たちは大きな衝撃を受けた。「徹底してお客様の本音を聞こう」という姿勢。そこからの出発である。お客様を癒し、私たちスタッフも癒される関係、これが原点だったはずだということを再確認した。

それにしても、ほとんど毎日のように何かが起こる。そのたびに私の大きな声が響く。「今日は入江さんが何を怒鳴るか、それが楽しみで」というボランティアもいる。私は、ついに「覚え書き」というファイルをつくった。「ヒヤリ・ハッと」という欄を設け、その日のトラブルを記録することにした。その欄がいつか空白のままでページをめくれるように願いながら。

（2008年6月）

## ●介護予防とは

悪名高き後期高齢者医療制度が実施され、4月の年金から天引きされた。それを追いかけるように、後期高齢者の無料健康診査の通知が明石市から送られてきた。検査項目を見るとメタボ予防見え見えで、介護予防とメタボ・フィーバーに乗せられた感じである。メタボについての見解はさまざまであり、厚生労働省のゴリ押しも一部では指摘されている。

明石市は今年度から月2回の公的配食の名称を改め、会食として、ひきこもり高齢者をできるだけ連れ出そうという方針に変えた。社会福祉協議会に質問に出かけた私に、担当主幹は「20年前に立ち上げた配食事業も、現在は社会環境が大きく変わり、ホカ弁やコンビニもあり、高齢者は容易に食べるものを手に入れることができる」と答えた。あまりの現状分析に、ここでは大きな声も出ず席を立った。

ひまわりが日々目にしている虚弱高齢者の低栄養状態を行政はどう見ているのだろうか。「介護予防の柱である栄養改善は、月2回の配食でははたせないので謳《うた》わない」という明石市の姿勢。「老化とは、乾いて縮んでいる変化です」と人間総合科学大学の熊谷修《しゅう》教授はいい切る。脱低栄養をめざす食事サービスこそ、介護予防の根幹ではなかろうか。わがままメニューは、そんな深い配慮が含まれている。

（2008年6月）

## ●尊厳ある死

暮れのクリスマスコンサートに車椅子で参加したMさんが亡くなった。糖尿病とその合併症に苦しみながらも、あの日はアンクルンをもってうれしそうだった。その童女のような表情がいまも忘れられない。「何か異変が起こるかもしれない。でも生きているうちに楽しい思いもさせたい」と、お連れ合いは背水の陣を敷いての行動だった。お連れ合いは、毎朝6時45分に病院へ。私は時々その車に乗せてもらった。男性料理教室の常連であり、ひまわり食堂にも透析の合間に食事に来られていた。長い闘病生活をふたりで乗り越えているようにお見受けしていた。

最近、お弁当利用の方が相次いで亡くなられた。97歳を筆頭に3人娘と呼ばれていたひとり暮らしの仲良しグループは、ついに最高齢者のEさんを残して亡くなった。ひまわりのお弁当をいっしょに食べる仲だった。

また、入退院を繰り返すご夫婦、片方が心筋梗塞で入院ということになると、足の悪いお連れ合いもいっしょに入院というケースは多い。コルクボードに貼られた配食予定表には、朱で入院中の文字が数件入っている。

厚生労働省の統計によると、自宅で亡くなる方12・2パーセント、病院で亡くなる方85・2パーセントと、圧倒的に病院が多くなっている。人は誰もが死んでいく。そのあたり前の営みが病院に預けられている現代。「その人が最後まで自分らしい生を生き、死を死に切る」ことをサポートしようとしている社団法人コミュニティネットワーク協会は、「死を人生の完成期」ととらえ、「完成期医療福祉をすすめる会」を発足させた。

1990年に発行された『クリッパンの老人たち』（ドメス出版）で著者の外山《とやま》義《ただし》氏はスウェーデンの高齢者福祉を紹介し、おわりにで「人生を最後まで歩み切っていく姿が、どんなに深い感動を他者に与えてくれるものか、そしてそれを可能にするために、わたくしたちはそれぞれ何をしていけばよいのか、読者の方々とともに考え続けていきたいと思う」と記している。本文で紹介されたスウェーデンの老人たちの尊厳ある死を迎えるまでの毎日のケアと人々との交流を読んで、当時私は感動し、森の中の一軒家で最期を迎えたペールおじさんの話を、いま、ひまわりのお弁当を利用してくださっている高齢者の姿とダブらせて考えてしまう。

最近の私の頭の中は、「尊厳ある生」「尊厳ある死」のことでいっぱいだが、そのために私たちができることは、ひまわりのお弁当を待っている方、それぞれのニーズに応えるという至極単純な話に尽きる。物価高にもめげず、体にいいものをと、地場魚と有機野菜を基本においしいものをつくり続けよう。

それには梅雨明けのみずみずしい野菜をふんだんに使うことだ。1日に野菜5種類以上、350グラムを食卓に、をモットーに。

（2008年8月）

## ◆ 伝統料理の例 ◆

### 春

- えんどう豆ごはん
- わらびの酢の物
- 筍の木の芽あえ
- たらの芽の天ぷら
- たらの芽の味噌あえ
- せりの白和え
- わけぎのぬた
- いかなごの釘煮
- 千切りのハリハリ
- 蕗のとう味噌
- 蕗の佃煮
- 蕗ずし
- 山菜ごはん

### 夏

- 山椒の実の佃煮
- 葉とうらがらしの佃煮
- なすの味噌煮
- 焼きなすの酢の物
- ひじきとみょうがの酢の物
- きゅうりの醤油漬け
- みょうがの梅酢漬け
- きゅうりのたたき
- なすのけんちん煮
- ゆかり
- 梅ジャム

### 秋

- 冬瓜のえびあんかけ
- ずいきの酢味噌あえ
- こんにゃくの白和え
- いとこ煮
- 萩ごはん
- たこめし
- 小芋の田楽
- 秋鯖の味噌煮
- 柿なます
- 小芋のずんだあえ
- れんこんのつくね
- しめじしぐれめし
- にんじん友禅いり煮

### 冬

- とろろ汁
- 柚子味噌
- 鉄火味噌
- けんちん汁
- 呉汁
- おからの炒り揚げ
- ふろふき大根
- 五目豆
- 粕汁
- けんちん煮
- 手打ちうどん
- 菜飯
- 筑前煮

# 4章

# 食べることは生きること

## ～高齢者の食を地域で支える

「個」を大切にする思想が根づくお弁当はひとりひとりのニーズにあわせて調製

## ●おひとりさまの食事

あっという間に1か月が過ぎていく。それを最も実感するのはボランティアの人たちに報酬袋を渡す時。その中身はともかくとして、36人分はかなり重い。「もう1か月たったの」という気持ちは拭えない。はらはら、ドキドキの積み重ねで6年目を迎える。

ひまわりの立ち上げから1年遅れて、近くの高齢者大学校明石市立「あかねが丘学園」で〈食〉についての講座を担当している。内容は「男性料理教室を開こう」のシミュレーションである。元気な高齢者集団に、さすがの私も圧倒されっぱなし。8コマの授業を終えて、公募した受講生を対象に期待以上の料理教室を展開してくれる。ところが最近、この「男性料理教室」の看板を降ろそうということが話題になっている。

新たに私が企画しているのは「おひとりさまの食事」である。上野千鶴子さんの『おひとりさまの老後』は75万部を突破したとか。これに悪乗りしたわけではないが、ひとりの食生活をマネージメントすることの大切さを感ずることが最近多々ある。

たしかに、現在の高齢男性は食事づくりという家事から疎外されてきた。調理技術において、同年代の女性と比べてその落差はひどい。でも…でもである。いま、ひとりになった女性は食事づくりを放棄している人が多い。昨年、ひまわりで催した交流会でも、ひとりになった男性が四苦八苦して食事を整えているのに対し、「私たちはいままでさんざん家族のためにつくってきた。ひとりになったいま、自分のためにつくるのはしんどい」という言葉だった。

テイクアウトの中食が氾濫《はんらん》している食環境で、若年から高年まで食事がイージーになっていることは否めない。ひまわりに来られるお客様の中にも、「ここで食事をして栄養のバランスを取り、朝、夕はあり合わせですませる」という方が多い。こんな周囲の状況から「おひとりさまの食事を豊かに」のテーマが浮かんできた。もう女も男もないのである。

早速、まちづくり広場で情報発信からはじめることにした。「おひとりさまの食生活を豊かに」のテーマで、聞き取り調査の結果の展示、野菜料理のデモンストレーションと試食という内容である。野菜料理のアレンジがメイン。ここに展示するのは野菜だけではない。調理する道具のパレードでもある。まな板、包丁、ピーラー、すり鉢、すりこ木、フードプロッセッサー、ミキサー、ミル、巻きすなど。実習コーナーも設けよう。

とくに台所で眠っているすり鉢、すりこ木を復活させたい。現在、ひまわりの調理作業の仕上げはごま味噌、ごま酢、ごまだれが使われることが多いが、ごますりの役割はいつのまにか私になっている。ひまわりには大・中・小のすり鉢があり、毎日大活躍。私の家には小が2つ、フードプロセッサー、ミルもあるが、なんといってもすり鉢は小回りがきく。すり鉢、すりこ木、大好き人間である。


（2008年10月）

## ●5年の歳月

２００８年10月30日は、ひまわりがこの地にオープンして5周年の記念日だった。5年前の木枯らしの吹く日、17人のボランティアが集まり、商店会の一角にある改装半ばのモーターサイクル店の前の通路で、コミュニティレストランひまわりのこれからについて話し合った。長田区の宅老所・駒どりの家での震災後の食事サービス、地元・太寺での年数回の配食サービスの経験はあるものの、「食を通した福祉コミュニティづくり」の理念とはうらはらに、事業計画ははなはだ心もとないものだった。

それでもオープンの日には景気づけるため「ひょうご農業クラブ」からの野菜がどっさり入荷し、50人を越す友人・知人の来客に店内はにぎわった。しかし、肝心の商店会の目は冷ややかで、決して地元に歓迎されての出発ではなかった。ＮＰＯに対する認識と理解はきわめて低調であった。

週3日営業が現在の週4日になるのに時間はかからなかった。1か月後に週4日、そしてお店に足を運べない人のために配食サービスをはじめた。「昔懐かしい家庭の味、旬のメニュー」は高齢化した町では予想以上に共感を呼び、馴染みの客のまさに「ふれあい食事処」として、私がおぼろげながら描いていた「食のひろば」としての機能をはたしはじめた。思えばこの5年間、ただひたすら地域のニーズに応えるために走り続けたように思う。

地域の諸団体との協働によるイベントには積極的に参画し、というより、ある時は主導的に企画・提案して、ひまわりの存在はいつの頃からか地域の住民に認知されるに至った。

食数が１００食から１２０食と増え、スタッフは倒れる寸前のぎりぎりのところで支え合い、クリアしてきたが、いまにして思えば、それは配食利用者のお客様一人ひとりとのつながりがあったればこそと思う。

高齢化率32パーセント、ある町では40パーセントを越す状況の中で地域福祉を考える場合、ひとり暮らし、虚弱高齢者と向き合わざるを得ない。糖尿病で認知症のAさん、お連れ合いは脳梗塞の後遺症で右目が失明する寸前。昼・夕お弁当を届ける時、Aさんの命の輝きはなんだろうと考え込んでしまう。気難しかったBさんが最近はとみに親しく話しかけてくれ、ボランティアへのねぎらいの言葉さえ聞かれるようになった。手足が不自由なためのいらだちが次第に緩和され

6

## ◆ 七福なます ◆

おせち料理にもなる「七福なます」。まろやかに仕上げるこつはだし汁や果汁を加えることです。

**■ 材　料（4人分）**

大根200グラム、人参40グラム、塩少々、油揚げ1枚、しらたき2分の1玉、乾椎茸1枚、だし汁3分の1カップ、砂糖大1弱、薄口醤油小2、塩少々、生姜・柚子皮少々、ぎんなん適量、白ごま大4、砂糖大2、酢大2、塩少々、柚子しぼり汁小2

**■ つくり方**

① 大根と人参は皮をむいて繊切り、塩小1をしてしばらくおく。
② 油揚げは、熱湯に通してから繊切りにする。しらたきは熱湯に通して適当な長さに切る。
③ 乾椎茸は戻して繊切りにし、鍋にだし汁・砂糖・薄口醤油・塩を入れた中に入れ、油揚げ、しらたきとともに煮含めて、冷ます。
④ 生姜繊切り、柚子皮繊切り、ぎんなんは茹でて皮をとっておく。
⑤ 白ごまを煎って十分すり、砂糖・酢・塩・柚子しぼり汁で調味し、材料をまぜ、柚子皮を天盛りにする。

たのだろうか。「食べること」を通した人と人とのつながりの深化の不思議が、私の行動の原動力。ひまわりの活動の原点ではなかろうか。この5年の歳月がいとおしくさえ思えてくる。

お正月も間近。おせち料理にもなる「七福なます」を紹介しよう。ひまわりのあえものはまろやか。「どうしてこのような合わせ酢ができるのですか」との質問がよくある。コツは、酢、砂糖、塩のほかにだし汁、みりん、柚子やすだちなどの果汁を加えることである。

（２００８年11月）

## ●新たな課題？

年末・年始配食利用者のお客様が相次いで入院された。一方で退院される方もあり、ひまわりはその対応に振り回された。

「入退院を繰り返す虚弱高齢者への対応」について、私はあちこちの講演で話してきた。その時はほんの数例からその兆しを感じていたに過ぎなかったが、いま、まさにそれが現実となって迫ってきた。メモを取ることが不得意で、頭の中にインプットすることに多少の自信があった私も、飽和状態でお手上げ。配食表への書き込みは必須となった。壁に白板の行事予定表がかかり、日誌をつけることになった。

ちなみに、その白板を元日からふたりの息子に車を出してもらって探してきたのが84歳の正木佐代子さん。仲間に支えられての新しい年の出発である。

自家用車もち込みのカーボランティアは、団塊世代を含めてリタイア組の男性7人と女性3人。そのひとり、豊田俊伸さんはインターネットでひまわりを見つけて申し込んできた方。1万人の企業にいたという彼は、「ひまわりのボランティアはみんな一所懸命。それが好きだからこうして来ているが、入江さんが倒れたらどうなるの。ひまわりはつぶれるの？　それを考えてない、危なっかしい組織には心からのエールは送れない」と手厳しい。私は自分が倒れるということを考えたことがない。79歳の傲慢《ごうまん》婆である。でもそろそろ組織づくりを考えなくては…。

（2009年2月）

●食べることは生きること

内憂外患。話をひとり暮らしの虚弱高齢者に戻そう。ベッドで1日のほとんどを過ごす人、デイサービスと通院を組んでいる人などさまざまであるが、脳梗塞の後遺症で左半身麻痺など、日常生活の不自由な人がほとんどである。ケアマネジャーが入っており、介護保険のサービスを受けている人もいるが、中にはそれらのサービスとは無縁で、地域から孤立していたり、低所得であったり、判断能力が不十分で自ら問題解決に向かうことができない人もいる。こうした場合、問題が潜在化し深刻化しやすい。ひまわりのお客様はほとんどがケアマネジャーの紹介か、離れて住む親族の依頼によるものであり、孤立状態の人は少ないが、それでも体が不自由なため、自ら地域と接触を求めようとする意欲に欠ける人は多い。

「これからの地域福祉は、多様な生活課題を掘り起こして」とよく簡単に語られる。しかし、制度では拾いきれないニーズ、制度の谷間にある方々への対応は容易ではない。地域で何らかの形でかかわっている人たちの声かけ、見守りなどを通して、住民相互の信頼を築き、情報を共有し、自助・共助・公助がうまく機能する地域をつくりあげたい。

ちなみに、ひまわりの今年の目標は「食べることは生きること、高齢者の食を地域で支える」である。

（2009年2月）

## ●最大のピンチ

配食利用者の入退院に振り回された今年の幕明けは、2月に入ってボランティア・スタッフの相次ぐ入院という事態となった。

年始あんなに張り切っていた正木さんが圧迫骨折、太田さんの大腸がんに加えて、森井さんが配達から帰ってペンを持ったままサインができないと異常を訴え、帰宅後救急車で入院、脳梗塞と診断された。こうなるとボランティアの中に不安な空気が流れ、体調に自信を失うなど、異常な心理に襲われた。配達ボランティアの庄司庸男《つねお》さんが体調が悪いと診察を受け、脳梗塞の疑いありとMRIを撮り、その結果異常なしと診断されるまで、その都度経過報告を受けては代替者探しに追われるなど、私は緊張の連続だった。生身の人間のやっていること、当然の事態かもしれないが、平常心を失った。

その間にも、容赦なく地域活動のスケジュールは続く。

行政・地縁団体・NPOの協働事業の明舞まちづくり委員会での報告。最終の5回目を迎える明石まちづくり市民塾連続講座、テーマは「高齢者・障害者の食事サービス事業の展開」。1年前から企画・立案、ゲストとの交渉とひまわりの日々の合間を縫って準備。9月に第1回が始まり、それなりの反応は見られたものの、最終回は行政の担当者をゲストに迎え、市民からの質問・要望をという企画を前に、私はいい知れぬ無力感に襲われた。

明石市は、配食・見守りから、ふれあい会食へと方向転換を模索中。私はささやかなひまわりの活動から、ふれあい会食に足を運べない虚弱高齢者の見守りと〈食〉の保障をどうしてくれるのか迫ろうとした。ひまわりの事業推移と配食利用者の状況などのデータも用意して、70パーセントにおよぶ虚弱高齢者への施策を訴えた。高年介護室をはじめ担当部課長、社会福祉協議会主幹とゲストに不足はなかった。しかし、フロアからの質問に、いまひとつ迫力が感じられなかった。それまで配食を担当していたボランティア・グループのくすぶる不満を怒りにまで高め、市民からの提案・立ち上がりにまでもっていけなかったという無力感が残った。市民力の弱さ、私自身の弱さということになろう。

加えて、ひまわりのスタッフの体調不良である。私はいま、最大のピンチに陥っている。春はもうそこまで来ているというのに…。

（2009年4月）

## ●近年不人気、家庭での天ぷら

最近、家庭の台所を使って、天ぷらを揚げない方が多いと聞いた。ダイニングキッチンはお友達を招いてお茶をのみ、おしゃべりをするところ。その機能は、リビングからダイニングキッチンに移っているとか。美しいキッチンを油汚れにしたくない。使った後の油の処理も面倒ということらしい。かつて大学で調理学実習を担当していた友人に聞いてみた。「ひとり暮らしでは、とても天ぷらを家で揚げる気にはなれない。食べたくなると天ぷら屋に行くか、手頃なところではデパ地下ね」という答えが返ってきた。

ひまわりの男性料理教室の受講生たちにも聞いてみた。82歳のHさん「息子から厳禁されている。火事のもとだ。油は炒めものにだけ」。昨年、連れ合いを亡くしてなんとなく元気のないMさん「天ぷらを揚げると、家族でテーブルを囲んでにぎやかに食事をしていた頃を思い出してつらくなるので、ひとりでは揚げる気になれない」など、否定的な意見が多かった。

早春から春にかけて芽吹く山菜、蕗のとう、せり、こごみ、うど、よもぎ、たらの芽などの苦味は揚げることによって旨味に変わる。この妙味を味わって欲しいという私の気持ちは強く、男性料理教室のメニューはスタッフの中でもめた。結局、できるだけ安全な方法で天ぷらを揚げるノウハウを紹介するのもこの教室の役割ではないかということに落ち着き、実施した。

きます、蕗のとう、たらの芽、うど、こごみ、せり、よもぎと素材に不足はなかった。厚手の鍋に1センチ程度の少量の油を入れて揚げていくと、油恐怖症のお年寄りも安心して揚げることができ、結構カラリと揚がった。途中で油を追加し、最後に残り油に衣を散らして天かすをつくる。これで油をほとんど使い切る。天かすは味噌汁に浮かしたり、うどんに、お好み焼きに、と利用範囲は広い。

（2009年6月）

## ●揚げたてに舌つづみ

「旨い」「旨い」の連発で頬《ほお》は緩み、幸せそうな表情に私はうれしくなった。お互いにやってみようと話し合ったり、天ぷらでまたつながりが深まった。

後日、Mさんと町で出会った。「早速やりましたよ。美味しかった。捨てようと思ったうどの先や葉っぱを揚げたら生き返りました。ありがとう」。いい笑顔。彼はもう大丈夫。ひとりで生きていく術を、ひとつずつ身につけていっていることが伝わってきた。

人と人とのつながりは些細《ささい》なことで壊れたり、また、ちょっとしたことでつながったりする。天ぷらによって受講生の意欲は深まり、新しい試みを共有することで次のステップを歩み出した。

ひまわりのメニューの中で最も人気の高いものが天ぷらである。素材の選択、揚げたて、そしてそのシャリ感は、太田さんの5本の指にかかっていた。彼女はいま、術後の長期療養に入っている。彼女のいないひまわりでやっていけるか不安はあるが…。5年前、お連れ合いとふたり分の料理を100人の大量炊事にするために、材料配合など工夫を重ね、彼女の得意とするメニューをつくりあげてきた。蕗ずし、ひろうす、千草焼き、そして天ぷら。お年寄りの好きなもの、そして虚弱者にも食べられるものをどうつくっていくか。ソフト食への試作にも意欲的だった。

日々に追われることなく、残されたスタッフで引き継ぎ、新たな開発も手がけなくては。落ち込んでばかりもいられない。でも「3年目、4年目は元気だったなあ」とついつぶやいてしまう。航空機事故でよく金属疲労ということがいわれる。ひまわりのいまの疲労はなんなのだろう…わかっているようでなかなか脱しきれない。時間が必要なのだろう。

（2009年6月）

## ●非効率が持ち味？

「最近のひまわりの日々を読んでいると、その行間から入江さんの疲れた息づかいが聞こえてくるようだ」とある読者からお電話があった。私の拙文をそこまで読み取ってくださるなんて「なんだか怖い！」と「ありがたい」の交錯した不思議な気持ちにさせられた。ともあれ「1日の臨時休業もなしでなんとか継続しているのだから安心して」とお返事しておいた。

5、6月は巷でも総会の季節。ひまわりでも通常の総会に先んじて、ボランティア総会を6月21日に開いた。これはワイワイおしゃべりしましょうの「つどい」から「集会」へ、そして一昨年からは「総会」と名づけている。現在40人のボランティアが一堂に会して、ひまわりの事業活動の全容について理解が得られるようにとの配慮からである。

今回は10人のカーボランティア中6人の参加があり、当然のことながらお弁当の配達にかかわる問題に議論が集中した。道路交通法のことから、お弁当をひとつ届けることと見守りの問題、最近経験したさまざまな例が報告された。緊急事態に遭遇した時の対応、その対応を適切にするための事前の準備など、ひまわり全体で取り組まなければならない課題、早急に担当者による話し合いをもつなど問題の焦点がはっきりした。

また、お弁当ひとつ配達するたびに赤字が出ているとの会計報告に、価格問題も放置できないことを痛感した。そんな緊張した雰囲気の中でカーボランティアの森井さんが「ここに来た時に、ひまわりさんはなんと効率の悪いところだろうと思った。でもこれがひまわりのいいところなんですよね」と発言した。そのさりげない言葉の中に、森井さんが2年間の活動の中で徐々に納得していったさまがうかがえた。

（2009年8月）

## ●手づくりとは非効率

120食のきゅうりの酢の物も、包丁とまな板からつくられる。機械化されたものは何だろうと探しても見あたらない。ミキサー、フードプロセッサー、ミルぐらいなもので、使用頻度も低い。「そうだ。明日のピーナッツあえには、ミルを使ってピーナッツを粉砕しよう」といった具合である。そのピーナッツも殻つきか皮つきで、むいて売っているものは使わない。塩で味つけられたものもあるからで、塩分のことは極端に気をつかう。時間とのたたかい、分刻みの作業をやっていながら、ごぼうも新聞紙の上での土落としから始まる。

利用者のお客様からもらった風呂敷は、色あざやかなものからシックなものまで多彩である。お一人おひとりの好みそうなものを探して、できあがったお弁当を包んでいく。最後の仕上げである。毎日変わる風呂敷の図柄を楽しんでくださるお客様も少なくない。お届けした時にそんなことを話題にするのもうれしい。

「手づくりとはまさに非効率なのである」。そのこだわりはわれわれの趣味なのか、それとも対象へのやさしさなのか。私の頭の中では自問自答が続いている。

（２００９年８月）

## ●7年目のにぎわいと静寂

ひまわりは7年目の10月30日を迎えた。

お客様といっしょに祝うこの日の特別メニューは、前日から煮込んだおでん、明石の海でとれたはまちのお刺身、青菜のごまあえ、赤飯、お吸い物、デザートに挽き茶かん。それに手づくりのロッククッキーとアイスボックスクッキー。創立記念のメニューとしてもう定着しているものの、お客様の期待は大きい。しかし、いまだに素人集団のひまわり配達車はパニック。おひとりに6点を洩れずに配達するための準備に、お店の中は一段とボルテージがあがり、にぎやかさを越えて喧噪《けんそう》そのものであった。「静かに」とひと言、声を出したいが、「一番大声は入江さん」といわれているだけに、じっとおさえた。

メインスタッフの太田さんが、7分方復帰した。大腸がん手術、術後の腸閉塞で再入院。抗が

7

## ◆ 長いもを使ったメニュー ◆

長いもを使ったひまわりメニューを紹介しよう。山芋、じねんじょが手に入ればとろろにして、山からの贈り物としてその薬効を味わうのがよい。今回は手がかゆくなるのを防ぎ、いつでも手に入る長いものぬめりをおさえた調理法の紹介である。

### 長いも団子のえびあんかけ

**■材　料（4人分）**

長いも15センチ長さ、卵2分の1個、片栗粉大1、パン粉適量、塩少々、えびあん（むきえび40グラム、だし汁2分の1カップ、酒小2、みりん小2、片栗粉小2）、ねぎあるいはみつば少々

**■つくり方**

① 長いもの皮をむき、1センチの厚さに輪切り、蒸してすり鉢でつぶす。塩少々で調味、卵・片栗粉をまぜ、まるめやすい硬さまでパン粉を入れて調節する。
② 適当な大きさにまるめる。
③ 中温の油で揚げる。
④ えびを適当に切り、えびあんをつくり、揚げた長いもにかける。薬味にねぎあるいはみつばを細かく切ったものをふる。

### 長いもの梅肉あえ

**■材　料（4人分）**

長いも15センチ長さ、梅干し5粒、醤油小1、みりん小2、砂糖小2

**■つくり方**

① 長いもの皮をむき、1センチの厚さに縦に切り、トースターで焼く（焼くことにより、ぬめりをおさえる）。
② 1センチの短冊に切る。
③ 梅肉をとり、刻んですり鉢ですり、調味し梅肉をつくり、長いもをあえる。

ん剤治療をしながら、週3日午前中フルに活動してくれる。「ひまわりのこのにぎやかな雰囲気に包まれると免疫力が高まる」と、彼女は、かつてのように厨房をしっかり仕切っている。帰宅すると疲れでぐったり、ぐうぐう寝込むとか。私は胸をなでおろすと共に、がんという病気の複雑さに驚き、考え込んでしまう。よくものの本にがんを克服した手記がのっているが、「がんとつきあう」「がんとともに生きる」を目の前に見ているような気になる。それでも彼女は足指の爪がポロリと落ち、手指の先もしびれて時々お砂糖や油をこぼす。それをそっと拭き取って始末する仲間。そこにはなんの会話もないけれど、温かい空気が流れる。その瞬間は喧噪から静寂。以心伝心。お互いが心の中を読んでいる。「だから私はひまわりが好き」といいたい。

ひまわりを立ち上げた翌年から、私は近くの明石市立の高齢者大学で、学生に地域で男性料理教室を開設させるためのシミュレーションの講座を担当している。青春を取り戻した学生の意欲に圧倒されながらも、逆に学ぶことは多い。絵画クラブの人たちの作品展はひまわり食堂の壁面を飾り、カーボランティアとして数人が自家用車もち込みで参加してくれる。地域活動におけるコラボといってもよい。学園長が時々ひまわり食堂にお顔を出す。

先日、お店に入ってこられるなり、「学園から明舞をずっと歩いてきたが、どこも寂しい。ここが一番にぎわいがある」といわれた。さりげないその言葉に、私は胸の中がキューンと熱くなった。「そうなんだ。いろいろ問題を抱えながらも、ひまわりは当初めざしたぬくもりの場、にぎわいの場をつくっているのだ」。

しばらく私はこの「にぎわい」という言葉に酔っていた。

（2009年12月）

## ●手づくりのフェスタ

毎年、秋風が吹きはじめると、私の頭を悩ましていた歳末のクリスマス行事を、コンサートからフェスタに変えた。5年目にしてようやく参加型にしようという気運が盛り上がったのだ。まちづくり広場で日頃活動するグループのブースでの活動紹介とステージ発表、街かどで演奏を楽しんでいる知られざるアーティスト、1月から仲間入りした兵庫県立大「明舞まちなかラボ」の学生、教会の聖歌隊、加えてお助け隊のカフェと、ごちゃまぜというか多彩というか、まさに地域のおまつりとなった。

県立大のマンドリン部の演奏はさすが伝統の妙、強みを感じさせ、ダンス部のイケメンたちのパワーにお年寄りたちは元気をもらった。県立大の環境をテーマにしたクイズには、出題者の知性の一端が垣間見られ、ひまわりのクイズも好評だった。すばらしい景品はすべて地域の人たちの寄付。華やかなラッピングはサークルの人たち。すべてが手づくりのぬくもりを感ずるものだった。

思えばこのクリスマス行事は、ひまわりが明舞の地で支えてもらった感謝の気持ちを表す地域住民への贈り物として、手探りではじめたものだ。ポスターも、ひまわりは主催団体から共催、そして昨年からは姿を消した。ポスターに名前はなくても、もう誰の目にもひまわりが仕掛け人であることは明白。神戸まちづくり研究所東末さんは「入江さんがコケたら、フェスタもコケますよ」と私を激励する。フェスタの終わりの挨拶で、私は２００人の観客を前に「また来年もここでお会いしましょう」と結んだ。フェスタへの感動というより、流れが変わりつつあるという、会場を包みこむ一体感に感動した。

（２０１０年2月）

### ●感謝の気持ち

それにしても、ひまわりのボランティアたちはよく食べる。10時のお茶の時間、昼食の後のコーヒータイム、配食から帰った6時頃には紅茶と軽いつまみもの。それだけ重労働なのだろう。とにかく居ながらにして全国のみやげ物が集まる、不思議なところである。ボランティアたちは旅行すると何品かを携えて帰ってくる。その上、暮れには利用者の方から古風な歳暮の品が届く。この暮れはやけに多かった。なぜ？ と首をかしげる間もなく、ボランティアの胃袋へ。何か感謝の気持ちを表したいということであろうか。私たちがそのお気持ちにお応えするには何ができるか、新しい年のひまわりの課題である。

暮れの30日、正月用の小餅を渡す日。ラブレターと共に、私の身体を労わる何よりのプレゼントをいただいた。Fさんからである。85歳の彼女はひとり暮らし。食事の日記を毎日つけて、彼女の物差しで見た食情報もきっちり添付されている。初期の頃からのお客様で、私の表情からストレスを感じとると「心を癒やすCD」にお手紙をそえて贈ってくださったこともある。数え切れないほどの物心両面の贈り物をもらった。今回はいま、注目されている樹液シート。分厚い解説書のコピーもいっしょに。これほどまでの好意をお受けする値打ちが私にあるのだろうか。人と人とのつながりの不思議を思いながら新しい年を迎えた。

8

## ◆ 玄米スープとアップルムース ◆

（辰巳芳子「あなたのために―いのちを支えるスープ」文化出版局、2002年より）

### 玄米スープ

■ 材　料（4人分）

有機栽培の玄米を煎ったもの２分の１カップ、天然昆布５センチ角２～３枚、梅干し（無農薬・有機栽培のもの）１個、水５カップ

■ つくり方

① 玄米を洗って6時間くらいザルにあげておき、厚手の平鍋で煎る。香ばしい香りに包まれる。
② ほうろうの鍋に玄米、昆布、梅干しを入れ、火にかけて煮立つまで中火、後に弱火にして30分炊く。
③ こす。香ばしい玄米の旨味、ほんのり梅干しの酸味で究極のスープができる。

### アップルムース

■ 材　料（10個分）

りんご１個　グラニュー糖40ｇ、ゼラチン５ｇ、生クリーム２分の１カップ、卵白１個分、砂糖15ｇ

■ つくり方

① ゼラチンは大さじ３の水でしめらせておく。
② りんごは皮をむき、イチョウ切りにして塩水につけておく。鍋にりんご、グラニュー糖を入れやわらかくなるまで煮る。
③ 湯せんでとかしたゼラチンを②に入れ、卵白を泡立て砂糖を加え、メレンゲをつくる。
④ りんごに泡立てた生クリーム、メレンゲを加えてまぜ、グラスに入れて冷やし固める。

ここまで書いた時に、電話で芦谷薫《あしや》さん（Weの会・東京）の訃報《ふほう》が届いた。彼女の声を最後に聞いたのは11月下旬。「もう生涯、口からものが食べられないの。1600キロカロリーは点滴で補っているけれど、家族のために何かつくってあげたいの」。私はがんと闘う彼女の姿を目に浮かべた。

生前叶わなかったが、なんとしても召し上がってもらいたかったターミナル（終末期）の料理2品をここに供えたい（前ページ参照）。

（2010年2月）

## ●Weの会からのヘルプ

新しい年が始まって間もない1月中旬、Weの会の浅井由利子さんが京都から、なんの前ぶれもなく、大きな紙袋を両手にひまわりに飛び込んできた。私は一瞬、わが目を疑った。でも、まぎれもなく浅井さんだった。朝早起きして「フラワーアレンジメント」を3個つくり、花束を添えてのご来店である。店内はいっぺんに春が来たように明るくなった。たじろぐ私をよそに、まるで別人のようなすばやさでエプロンをして調理補助に入っている。

昨年の4月はじめには、高校を退職したばかりの熊本の立山ちづこさんが、我が家に泊まり込みで3日間ボランティアに入った。2009年の京都でのWeフォーラム後も立ち寄り、常連のように流しの前で洗い物をしていた。Weの会の方たちのこうしたさりげないヘルプは、何よりもうれしい。7年前の立ち上げの時から、『We』の読者の温かいまなざしの中でひまわりは育ってきたように思う。山形、岡山、埼玉、東京とずいぶん遠隔の地から訪ねてくれた。

自称「ひまわり応援団」の故芦谷薫さんも何度か訪ねてくれ、さをり織りの作品を披露してくれた。いまも美しい布が軽やかに店内を舞っているような幻覚に涙する。最後のお便りは「近かったらカーボランティアするのにね」と結ばれていた。

（2010年4月）

## ●ひまわり病

7年目の春、スタッフの中で「ひまわり病」という言葉が頻発している。「よく忘れる」「10以下の計算を間違える」といったことらしい。忙し過ぎるということだろう。それに最近の利用者の入退院、認知症の進行状況などに振り回されていることも一因であろう。毎日の変化の状況を把握することは至難の業である。

そんな内情をよそに、高齢者対象の配食事業の起業コンサルティングを依頼されたりする。お弁当のノウハウ、集客方法、宅配時の注意点など研修したいとの申し込みである。

兵庫県の助成を受けてのコンサルティング実施報告の提言に、私は「〈食〉そのものにどのようなポリシーをもつかが第一、あとはハコより〈ヒト〉です」と書いた。

明石市では虚弱高齢者への食事サービス事業を、ひまわりをモデルにして市内で実施するための検討をはじめる。その検討委員会を設置するための予算が、3月市議会に計上されることになった。この委員会で私は何を話せばいいのだろう。ひまわり病も克服されていないというのに。まだ、しばらくは苦しいうれしい日々が続きそうである。

（2010年4月）

# 5章

# 新たな決断の時

## ～団地再生計画と地域生活支援サービスの狭間で

配食は　見守り
お客様に声をかけ手渡し

## ●隠し味は…やさしさ

大型連休の5日間、利用者の訴えるような目にうしろめたさを感じながらも、思い切って休んだ。その間、グループホームに最近入居した友人を訪ねた以外は、自宅で「ひまわりの7年6か月」の整理に没頭した。実は2月24日、私は傘寿(80歳)を迎えた。これを機に1週間に1回、3時間の整理休暇を取ることを宣言した。私事の整理の前に、NPOひまわりの整理が山積み。遅々としてはかどらなかったが、連休のおかげでなんとか見通しがついた。何よりも頭の中の風通しがよくなった。そして手探りでやっていた当初の日々に、いきおいを感じた。すべてのことを難なくこなしているいまの日々に失っているものを発見して、私は身ぶるいした。

5月5日、コアスタッフ会議を開き、「ひまわり7年半の事業活動の評価~新しい出発に向けて」と題してミーティングを行い、意見交換した。最近のひまわりに対するまちづくり、地域の福祉資源としての評価に対して、私たち自身が現在の活動をどう認識し、評価しているかを問い、一人ひとりが今後のミッションについてどう考えているかを明らかにしたいと考えた。これは明舞センター地区の「建て替え問題」という大きなハードルを越えるためには避けて通れないことであろう。

ひまわりのよさってなんだろう?

それは「あたりまえの食事」を提供してきたこと。旬の食材って同じ材料が続く——それを変化に富むメニューにするためには調理の工夫が不可欠。生きることをサポートするために明日から新たな挑戦が始まる。

最近、お客様から「ひまわりのお弁当を開くと、よそのお弁当と違ったにおいを感ずる」「どうしてこんなお味を出すことができるのですか」という声が寄せられる。ある見学者は、食事をされて「おいしい。体にいいと満足感がある。でももうひとつ何といったらいいか、このお食事にはつくった方のやさしさが伝わってくる」といわれた。さりげなくつぶやかれたその言葉こそ、ひまわりの食事の真髄かも。

（2010年6月）

## ●ストレス

高台に立つと南側に、淡路島と明石海峡大橋がひろがる明舞団地。開発から46年、道行く人のほとんどは高齢者。でも私は緑の多いこのまちが好きだ。というより、この地に来て6年半、好きになってしまったといったほうがいいかもしれない。

いま、この地で団地の再生プロジェクトが動き出している。景気の底冷えと相まって、もっとも難航したのが、明舞センター地区商業地域。その一角にひまわりがある。団地の再生は日本全体の社会問題、そのためここのところマスコミの取材、見学者、視察といった訪問者が絶えない。先週は22人、明日は東京都庁の職員3人など目白押し。

建て替え問題のストレスが高じて、私はいま、ぎっくり腰とヘルペスに苦しみながら、タクシーでひまわりに通っている。点滴のための通院はカーボランティアの好意に甘えているものの、なんともあわれな姿を露呈している。

かつて私は「あっ！　首が回らない」（61ページ）と書いたことがあった。4か月そのような状態になったのは、2年間のモデル事業が終了し、契約変更を考えた時であった。ストレスに弱いアカンたれなのである。今回は、第1回出店意向提出期限を7月12日に控えての出来事である。これによってコンペ提案事業者の基礎資料となり、実質的に動き出すことになる。新施設完成は、2013（平成25）年に予定されている。

（2010年8月）

## ●三つの選択肢

去る6月20日、珍しく明石城の見えるホテルでボランティア集会を開いた。そこでの話し合いの中で私はボランティアたちの「ひまわりの未来に託する夢」を感じとりたかった。詳しい情報がないままの話し合いにしてはそれなりに盛りあがったものの、いまひとつ迫力に欠けた。

ひまわりの選択は3つ。

①昨年秋に兵庫県に要望した「この高齢化したまちに命の糧としての食事サービス事業の拠点を公的施設としてつくり、その運営は公募したNPOに委託する」、ひまわりはこれに応募する。

②県住宅供給公社の多少の優遇措置によって、ほぼ自力で新施設に出店する。
③①②ともに不調に終わった場合、店を閉じて、解散ということが考えられる。
①はこれから担当部局と具体的な折衝に入るが、スタッフの中には、いままでのように自由にやれないのではないか、素材の調達、調理法・食数などにも制約があるのでは、ひまわりのいままでに蓄積したものが失われるのでは、という危惧がささやかれている。
いま、改めて、ひまわりを待っている一人ひとりのお顔が浮かび、こみあげてくるものがある。

（2010年8月）

## ●支えられて

この夏の異常な暑さは多方面に影響をおよぼした。熱中症の犠牲者は高齢者に多く、ひまわりの利用者の中にも緊急入院された方（Hさん）があり、数日前亡くなられたという報告が遺族からあった。100歳以上の高齢者の居所不明もいまや社会問題となり、長寿社会の暗い部分が浮き彫りにされた夏であった。
お弁当の配達時にひとり暮らしの利用者と出会うことになる私たちは、低栄養の方に出会う時以上に、その住まい方を考えさせられることがしばしばある。文言では、配食は「見守りと栄養改善」と容易にいうことができる。しかし、見守りの中身は高齢者の住まいや住まい方とかかわる。昼間から雨戸を閉め、インターホンはなくブザーだけ、鍵はチェーンと共に2重に、その上難聴のため、テレビの音は大きいときている。エアコンも扇風機も見あたらない。

Mさんと最後にお会いした時もそうだった。1回目には雨戸を叩いても、携帯で電話してもお返事なしで、最後にもう一度訪ね、お隣の方に裏木戸を開けてもらい、やっとはいれた。ベッドの上で眠っておられた。そっと手をさすり、お名前を呼んだ。かすかに目を開いた。私は心底ほっとした。もしやと思わせるに十分な部屋の雰囲気だった。

100歳になられたEさん。ひまわりの最初からのお客様である。窓は開けて風を入れ、玄関のドアは配達時間前に必ずキーがはずされている。しかもお隣に住むAさんのことを気づかって立ち会ってくださる。ちなみにAさんは85歳である。Aさんへの連絡はすべてEさんを通じて行っている。このおふたりの関係は微笑ましい。ここでは熱中症は起こらないだろう。

「支え合い」「支えられて」は、この高齢社会を生きるキーであろう。

私事で恐縮だが、6月末にヘルペスにやられ、通院で毎日2時間の点滴治療を8日間連続で行った。そして痛み止め、栄養点滴を1時間ずつ2週間。それでも痛みは取れず、8月はじめから麻酔科で神経ブロック注射と、6月に出た新薬リリカを服用しているが、一向によくならない。

その間、ひまわりのカーボランティアの方にどれだけ助けられたか、そしてWeの読者の方のお見舞い、励ましの言葉に助けられたか。多くの方に支えられ、私はいまようやく元気そのものだった日々から、痛みと共存して生きることを考えはじめている。

（2010年10月）

## ●誰とどう住まうかも「生きる」こと

２０１０年12月半ば、お弁当をお届けした時のKさんは、めずらしくおぼつかない足取りで玄関に出てきてくれた。十分に衣服をまとってはいなかった。「食堂まで運んで」ということで食卓にお運びした。なんとも心が残り、Kさんの背中に手をあてて食堂まで介助した。「ひとりで食べられる？」「ふん」という会話を残して、次の配達へと急いだ。翌朝、娘さんのお電話で、喀血《かっけつ》によって窒息、息をひきとったことを知った。「いまはおだやかに眠っています」との声に、まだKさんの背中のぬくもりが残っている右の掌をそっと頬にあてた。

お客様の訃報にあうと、全身力が抜けてしばらくは〝元気な入江さん〟の声も沈む。年末年始は7人の方が入院。3人の方がそれぞれ東京・埼玉の娘さんのところに居を移した。歯が抜けたような、なんともさびしい新年の出発だった。その方たちはみんなお弁当を配達するだけでなく見守りの必要があった。お客様にあまり感情移入をすることはいけないとわかっていながら、思わぬアクシデントに出会ったり、何度も訪問してやっとお渡しできるなど、手がかかるだけに、その関係は濃かった方ばかりである。

認知症の症状によっては、デイサービスとヘルパーの介助という公的介護保険だけでは支えきれない。そこでひまわりのような地域のグループや、さらには助け合いの機能をもつ地域のコミュニティの再生が必要となってくる。東京や埼玉の近親者のところに居場所を移して、その方たちのこころの平穏が得られるだろうか。私たちはひまわりのめざすところを「食べることは生きること。高齢者の食を地域で支える」としてきた。

ここにきて、住居というハコではなく、居場所としての「住まい」で誰と住まうかは、「生きる」ことにとってさらに重要な要素であることに気づかされた。お客様の居場所の移動に、せつないようなほっとするような気持ちになると共に、何かが私の中で変わりはじめている。

新年早々、西日本、とくに日本海側は大雪に見舞われ、瀬戸内でのんびりしているひまわりも寒風にふるえあがった。それでも1月9日は恒例の餅つき大会、いつものことながら昔からの行事をワイワイやることは楽しい。昨年はどうにもならなかった学生の杵《きね》の音もよくなった。60キロの餅米がセイロで蒸しあがった時の木の香りはなんともいい難い。

新春餅つき大会

（2011年2月）

## ●「新しい公共」って何？

風は冷たいけれど、木々は芽吹きはじめ、枯れ草に陽のにおいを感ずる早春の季節が、1年中で一番私は好きだ。おだしと酒、醤油で味つけしたさくら飯に茹でた蕗の輪切りとちりめん、せりをちらしたごはんは、春3月ならではの逸品である。ひまわりのお客様は、「まるでお料理屋さんみたいね」と目を細めて味わってくださる。

年末から年始にかけて、入院されてその後の消息がつかめない方、院内感染であっけなく亡くなられた方など、心痛む出来事が続き、私は心の中でずっとひきずっている。数の上では、配食数は80食から70食へと減少したが、ぽつぽつ新しい利用者がケアマネジャーから紹介されている。とはいえ、人と人のつながりの中で成り立っているひまわりの事業では、そうすんなりとは対応できない。その中には独居で認知症の方もあり、なんとか関係を結ぶ方策を探る日々が続く。毎日集金袋をなくすOさん。お弁当箱や茶碗蒸しの茶椀をどこかにしまいこんで返却しないAさん。おふたりとも達筆で感謝のお手紙をくださったり、お礼のご挨拶をされる。徒労とも思える時間とエネルギーを費やす日々。親族・担当ケアマネジャーとの連絡を取りながらの手探りではあるが、それは配食の範疇《はんちゅう》を越えた、見守りともいい尽くせない行為となっている。

最近、お弁当の形態が多様になってきている。軟飯、粥《かゆ》、刻み、超減塩など。ひとりの人間の命にかかわることと考えると、これもないがしろにできない。老老のK夫婦。おばあちゃんは脳梗塞の後遺症で右半身不随、家の中で車椅子利用。おじいちゃんは、点滴だけで命をつないでいる日々から粥食となり、訪問看護と食事介助のヘルパーさんとひまわりの粥食弁当によって徐々に快方に向かっている。真っ暗な闇の中に一条の光が差し込んだ思いで、昨日もヘルパーさんと打ち合わせをした。帰路、私は、ひとりの人間を地域で支えるための仕組みが「地域包括ケアではなかったのか」と自問自答した。

地域包括支援センターは2006年4月、介護保険法改正に伴って、明石市にも2カ所設置されている。しかし十分機能しているとはいえない。地域における福祉と介護と医療が連携し、包括的に機能していれば、ひまわりはもっと動きやすいのではないか。もはや公的介護保険だけでは地域の老後は支えきれないということは、はっきりしている。自治体、地域住民、ボランティア、NPO、福祉サービス事業者等の協働による地域の支え合い体制づくりが急がれる。これらの地域福祉資源を活用したネットワークの整備こそ、「新しい公共」と呼ぶのではないか。

（2011年3月）

## ●だんまりAさんの笑顔

ふれあい食事処ひまわりには、開店の11時半を待ちかねてさまざまなお客様がやってくる。その中で大きな荷物を3つほどもった、だんまりのAさんはそれなりに目立っている。「中に何が入っているの?」「どこに行ってきたの?」というボランティアの質問にはまともに答えず、「いつも全財産をもっているの」とはぐらかす。ご機嫌の悪い時は、私も蹴飛ばされそうになったことがある。

ある日、Aさんがめずらしくにこにこして入ってきた。「先生、ラジオ関西に出たでしょう。

あの声はどうみても50代。朝日新聞にもひまわりのことがのっていたけど、額に入れて飾っておきたいよ」と切り抜きを取り出す。Aさんはシングルで母親と暮らしていたが、母親の没後、ひとり暮らし。これまでは料理をしたことがなかったが、それでもひまわり主催の「男性の自立のための交流会」にも参加する。

最近、ひまわりがマスコミに取り上げられることが増え、その波紋はかなり大きい。新聞を見てお弁当を注文される方、食堂に来られる方、ボランティアを申し出る方、配達先で切り抜きを用意して待っていらっしゃる方など。Aさんの喜びはひまわりの喜びでもある。私はこの時ほど、利用者と私たちの一体感を感じたことはなかった。

ひまわり設立時、私たちは生産者、調理する人、食べる人が互いに通い合う協働の場をめざした。Aさんの笑顔はその成果のひとつ。通い合うことを基盤として人はつながっていけるのではないか。

（2011月6月）

## ●ネットワークの根

東日本大震災後、明舞にも福島から何家族か避難してこられた。放射能の影響を心配してとのこと。その受け入れは自治会が中心になっているが、急遽、地元で活動しているNPO、ボランティアグループ、2大学のまちなかラボと多彩なメンバーで「お助けネット明舞」を立ち上げ、寝具、生活用品、電気製品などの拠出登録を呼びかけた。一方、被災者の要望に応えて搬入するカーボランティアが活動している。5月22日にはチャリティバザーが企画され、その準備の情報交換にもメーリングリストが活躍している。また、こころのケアとして兵庫県立淡路景観園芸学校の臨床心理士などのグループも加わり、ネットワークは広がりつつある。

今回の震災被害の特異性もさることながら、これまでの地域活動を通じて、すでにお互いに通い合うものがあったからではなかろうか。これがさらに地域力・市民力として根をはっていくことを期待したい。

「誰かがお酢を飲んでいるの？」「サーカスに行くの？」という冗談が飛び交うほど、ひまわりではよくお酢を使います。小鯵の南蛮漬けは初夏のひまわりの定番です。

（2011月6月）

## ●住民交流ゾーンはどこへ

明舞センター地区の再生事業（商業・住民交流ゾーン）がやっと動き出した。事業者のコンペが不調に終わり、半年近く延びていたが、去る6月15日に11人の審査員とわれわれテナントの前で、計画のプレゼンテーションが行われ、質疑の後、審査会で「ダイワロイヤル」に決定した。県住宅供給公社と事業者の正式契約は7月中旬に予定されているが、新店舗に入居を希望するテナントと事業者・公社の折衝の山場は8月。ひまわりの活動の本拠が根底からゆさぶられることになった。

思えば兵庫県が明舞センター地区の再整備に取り組みだしたのは1985年。2度目は1995年、阪神淡路大震災で立ち消え、3度目の浮上である。住民はほとんど疑心暗鬼で今回の再整備計画を冷ややかに眺めていた。公社賃貸住宅・高齢者サポートゾーンは、なんとか本年のはじめに完成、入居が始まっている。残るは商業・住民交流ゾーンで、最も難関とされていた。

当初県住宅計画課が描いた構想は、商業機能に加え、新たな交流リラクゼーション機能も導入、交流のシンボルとなるコミュニティ広場を設けるというもので、私は半信半疑ながらお年寄りと子どもたちがくつろぐ風景を描いていた。

しかし、夢は無残に崩れ、計画のプレゼンテーションでは営利一辺倒がむきだしになっていた。

現在のきびしい経済状況下、ディベロッパー（開発業者）の応募が低調な中でこの事業を進める

9

## ◆ 小鯵の南蛮漬け ◆

江戸時代にポルトガル人が好んでねぎと唐辛子を使ったところからこの名がある。漬け汁にワインビネガー、トッピングにセロリ、カラーピーマンなどを使うとフランス料理のマリネに変身する。

**■材　料（4人分）**

小鯵8尾、玉ねぎ100グラム、ピーマン2個、唐辛子・ねぎ少々、漬け汁（だし汁大4、醤油大4、酢カップ2分の1、砂糖大3）、塩、片栗粉、揚げ油適量

**■つくり方**

① 鯵はゼンゴ、うろこ、腹ビレをとり、割り箸2本を口からエラの上を通して差し込み、はらわたを抜く。
② 水洗いして水気をペーパーでふきとり、塩をふっておく。20分たったら片栗粉をまぶして揚げる。
③ あらかじめ漬け汁をつくっておき、玉ねぎのスライス、唐辛子を入れた中に揚げ魚を漬けこむ。
④ ピーマンの繊切り、ねぎの小口切りをちらす。

以上、民間活用を謳っている建前から、行政側がはじめの構想から退却せざるをえなかったことは容易に推測できるとしても、口惜しい限りである。

（２０１１年８月）

### ●決断の時

この間、ひまわりも手をこまねいて見ていたわけではない。私の机上には再生事業の一連のファイルがあり、２００８年１月21日付の県への提案書が綴じられている。この時、行政とひまわり理事の話し合いがもたれている。２００９年には兵庫県知事が来店したのを機に「食事サービスの拠点づくり」を直訴している。県や市の担当者との具体的な話し合いも長時間にわたって行ってきた。しかし現在の感触は、当初のＮＰＯへの優遇措置も消え、一般テナント並みというところである。

新店舗への出店希望は、昨年６月に第１次、７月に第２次と県住宅供給公社へ提出した。その間に県の担当者にはかなりきびしい質問と私の考えを訴えた。ヘルペスの発症はその時。以来、半年間苦しむことになった。

ひまわりの今後を話し合ったボランティア集会（2012年7月）

新店舗は2015年に完成。2017年に現在のビル解体の予定。「新店舗に行くべきか、とどまるべきか」。事業者、公社との最終の詰め〈8月決戦〉を控えて、ヘルペスで萎《しぼ》んでいた私の闘志は少しずつよみがえってきた。

内部調整と県、明石市への支援要望が緊急課題である。

（2011年8月）

## ●いずこへ

暑い熱い夏だった。30回目のWeフォーラムという記念すべき会で、ひまわりのことをお話しできたことは、いまもって少し面映ゆい。会場で回されたカンパ袋の重さ、新たに会員として入会された方もあり、ひまわりへの支援の輪が広がったことに心温まる思いだった。

翌日からまた、てんやわんやの日々が続く。この時期、兵庫大の学生ボランティアが1日2、3人入っている。これに加えて、神戸学院大のリハビリテーション学部3回生の「ヒューマンサービス」の実習を2人受け入れている。167時間である。戦力という考え方は極力排除しているつもりであるが、分刻みの準備になるとどうしても考えてしまう自分がおぞましい。狭い厨房はごった返し、よくも事故が起こらないものだと学生が帰った後はほっとする。

お盆の後、配食数は増え、約1・5倍になった。この現象は何なのだろうと分析する間もなく対応に追われているが、新たに申し込まれた方のお一人おひとりは、かなり認知症が進んでいたり、配慮の必要な方ばかりである。

その間に見学申し込みが入る。高齢者福祉マンションの食堂を経営している栄養士・調理師の方、遠くは大阪泉北で地域レストランを経営しているスタッフとその指導にあたっている大阪市立大学の関係者と多彩なメンバーが「こころをこめて料理をつくるとは」を考えるヒントを得たいとやってくる。

（2011年10月）

## ●民間活力利用の実態

その間にも容赦なく、ひまわり自身の活動の拠点をゆさぶる建て替え問題が進捗《しんちょく》する。

8月4日、県住宅供給公社主催で「明舞センター地区再生事業にかかる説明会」が行われ、新店舗への入居希望テナントに対し、デベロッパー（開発業者）から出店募集要項なるものが示された。そこには寝耳に水の家賃42か月分の保証金が提示されていた。ひまわりが予定している50平方メートルで約420万円。この保証金の払込みをもって正式契約とすることが申し渡された。しかも、このお金は20年間凍結されるという。

民間活力の利用の実態をまざまざと見せつけられた思いである。その後、個別にデベロッパーとの話し合いをもったが、好転は見られなかった。

銀行、郵貯、薬局が新店舗に移転した後は、市民交流の場、リラクゼーション機能をもったコミュニティスペースとなる。ひまわりに残された選択のうち最も有力なものは、このスペースの一角に入ること。その計画をぜひ実現させたいと、私の気持ちはもうそこに向かって歩きはじめている。9月3日、ひまわりの臨時理事会で賛同を得られれば行動開始となる。

（2011年10月）

## ●変わるか「地域生活支援サービス」

Nさんのご遺族がひまわりに挨拶に来られた。難聴で高血圧、入院時は認知症の症状も見られたが、若い頃から看護師として働き、シングルを通してこられ、どことなく背筋がピンと張った感じだった。お弁当配達時に異常事態を発見。すぐに義妹さんに連絡して、救急車で運ばれて1年。92歳でおだやかに逝ったという。「ひまわりさんのおかげです。早く発見でき、対応できたのは…」のお礼の言葉も私は耳に入らず、沈んでいく気持ちを抑えることができなかった。「配食は見守りも兼ねています」とさらりといってのけるが、遭遇する場面はさまざまで、その対応は配達ボランティアの即断によるが、「いのち」の尊厳を考えて対処しなければならないという課題を含んでいる。

2014（平成26）年度の介護保険法改正に伴い、新たに設けられる「介護予防・日常生活支援総合事業」の基本的事項が厚生労働省から示された。これまで保険給付の枠外で行われていた配食や見守りなどの地域支援サービスを含め、医療・介護・予防・住まいなど生活を支えるためのサービスを切れ目なく一体的に提供しようとするもので、市町村が主体となって行う。ただ、この総合事業を実施するのか、従来型のサービスを続けるのかは、市町村の判断に任されており、今後、自分たちの市町村がどう取り組むのか見ていく必要がある。ひまわりにとっては、地域包括支援センターとの連携もますます重要になる。

加えて、ひまわりは、地域の見守りをしっかりと付加した食事サービスを提供しつつ、同時にそこでのボランティア活動は元気な高齢者の活動の場でもあることを、これまでの活動実績もふまえて明確にしていかなければならない。ひまわりの活動拠点は明舞センター地区の再生事業によってゆらいでおり、拠点確保は当面の大きな課題だが、それとあわせて多様なマンパワーの発掘、社会資源の積極的な活用が考えられなければならない。ひまわりのお弁当を待っている人たち、それは声をかけ合う中で感じる人のぬくもりを待っている人たちでもある。私たちには質の高いサービスを身につけ、発見や気づきを大切に、情報を共有し、地域を変えていくことが求められているのではないか。

ひまわり8周年のお祝いは、ボランティアの見事な発想とチームワークによって成功させた。次なるイベントはクリスマス・フェスタ、2つの大学のまちなかラボも加わり、若いエネルギーがどうぶつかり合うのか楽しみでもある。

（2011年12月）

## ●ついにダウン！

「高齢者の肺炎」はよく耳にしており、ワクチンの効用にも関心をもっていた。予防注射の申し込みをしておかなくちゃ、と殊勝なことも考えたりしていた。ひまわりのお客様の中にも、お見えにならないと思うと「実は肺炎で入院していたのです」という方もあり、ますますその必要を感じていたのに、なんと私があっさりやられてしまった。

年末、抗生物質の大量投与で肺炎菌は駆逐できた。暮れの30、31日は小康を得て、ベッドで暮らす独居の方にお約束のおせち料理をつくって、バスを乗り継ぎお届けした。その間、私の体内では変調をきたしていたらしい。新年元日の夜から腹痛と下痢、ついに休日当番医の救急に駆け込んだ。そこでも抗生物質の点滴、即入院を申し渡された。一旦ＯＫしたものの、ひまわりのことが頭をよぎり、通院を申し出た。５日、ひまわり初仕事。ボランティアの好意に甘えて、かかりつけの医者に運んでもらった。検査の結果をふまえての医師の説明では、ウイルス性、細菌性も考えられるが、最も有力な理由は、抗生物質の投与によって腸内のビフィズス菌をはじめとする善玉菌の死滅により、悪玉菌が腸粘膜を傷つけたということであろう。要するに腸内のバランスが崩れたと私は素人判断した。その日の点滴は栄養分の補給だった。救急医には、持参したそれまでの年末の診療明細、調剤明細は通じなかったのだろうか。彼いわく「あなたは風邪の菌でお腹がやられるという、いま流行の最先端の病気ですよ」。

（２０１２年１月）

## ●葛藤をよそに

周りからは、鬼の霍乱《かくらん》といわれ、元気なだけがとりえと過信していた私自身への神の戒めであろう。しかし、ちょっぴり医療不信の気持ちも拭えない。

まだまだ粥食は続きそうであるが、考えてみると、今回のことは予想していたような気がする。最近、投げやりとも思える「ぶっ倒れるまでやるしかない。私が倒れたら、残った人で合議制でも、したいようにしたらいい」というようなことをつぶやいていた。自分を極限状況にまで追い込んでいたように思う。

こんな私の内面の葛藤をよそに、ひまわりはマスコミに登場することが度重なり、地域の注目を浴びた。朝6時40分から12時間の地元サンテレビの密着取材。12月14日夕方8分の放映は、題して「高齢者のＮＰＯ」。

11月9日には配食用小型電気自動車「みずほ号」がみずほ教育福祉財団から贈呈された。

そして12月10日、地域で活動する15団体の参加によって、老いも若きもいりまじった大イベント、クリスマス・フェスタが展開され、明舞地域に新しい歴史の1ページを開いた。

（2012年1月）

## ●男性料理教室に刺激を

2007年からはじめたひまわりの男性料理教室は、初期の頃は塩分濃度計でインスタントの味噌汁とひまわりの味噌汁の塩分を比較するなど、独居男性高齢者の〈食〉の自立をサポートする目的から出発した。しかしメンバーが固定化するにつれ、いっしょにつくって食べておしゃべりを楽しむ雰囲気に変わっていった。私はここに、何か刺激を与え、新鮮な驚きを感ずるものでなければ進歩はないと考えた。

そこで2010年度は「まちの○○屋さんに学ぶ」ということで、魚、精肉、野菜、パン屋さんにご登場願った。毎回得難い実習を経験すると同時に、プロから学ぶことの中で食材へのこだわり、プライドなど、想像以上に新たな発見があった。精肉に関しては「部位による調理法」の詳細、2003年に確立した牛海綿状脳症（BSE）発症にともなう牛肉1頭1頭のトレーサビリティ（追跡可能性）と安全性についての話など興味深かった。受講生とそれぞれのお店との交流はその後も続き、地域の話題となった。

（2012年4月）

## ●講師も学びながらの発展

2011年度は「いろいろなご飯に合うおかず」ということで、1回目は「雑穀ごはん」と玄米スープ、2回目は「古代米ごはん」と煮魚、3回目は「究極の玄米ご飯」と重ね煮となった。玄米ご飯の炊き方も2種で食べ比べということになり、受講生とひまわりのボランティアは知恵を出し合った。ひとつは神戸にある「おっこ食堂」のゆらゆら炊き、もうひとつは長岡式酵素玄米となった。おかずは、いま静かにブームを呼んでいる重ね煮をにわか仕込みで勉強、冷や汁をかきながらの教室となった。

重ね煮は食養料理の一種で、野菜の旨味を最大限に引き出す無水料理だ（重ね煮は東洋思想の陰陽調和の考え方により、土より上に育ったものを下に、土の中に育った力の強い野菜を上に並べるのが基本）。前日に大鍋につくった重ね煮の野菜を素材に、白あえ、春巻き、そして汁ものというメニューに発展させた。同時に、用意した野菜6種を使って重ね煮の実習を体験。小分けしてもち帰りにした。

マスターできれば冷蔵庫で1週間はもつというしろもの。ひとり暮らしの高齢者には日々の料理を楽にこなせる食生活となるはずである。ともすればテイクアウトの惣菜で夕食をすませたい受講生たちに、どこまで迫れるか。これはちょっとした賭けである。料理教室終了後、玄米と重ね煮野菜のおみやげをもち帰った受講生たち。①食べたか捨てたか、②どのようにして食べたか——これは私として大変興味がある。次の日、何人かに追跡の質問をした。捨てた人はひとりもいなかった。しかし、電子レンジで温め醤油をかけて食べた、が大多数だった。

次回は「重ね煮の野菜を使ってパーティをしよう」ということになっている。

（2012年4月）

## ●いよいよアクションなるか

２０１１年の暮れから春にかけて私の肺炎・偽膜性腸炎、太田さんのインフルエンザ、ボランティア3人の骨折と、ここにきてみんなの疲労が目立ってきた。時間とのたたかい、ぎりぎりの日々の活動は、疲れて帰宅しても翌日にっこり笑顔を見せてくれるボランティアにこんな形で表れているのかもしれない。「元気な高齢者が虚弱な高齢者を地域で支える」。これが時代の要請だし、「これによって元気な高齢者はさらに元気をもらっている」と話してきた私も、最近は全体の枠組みを考え直す必要を感じていたが、具体案を決めかねているうちにゴールデンウィークも終わってしまった。

いよいよ明舞センター地区新規商業施設の着工が目前に迫った。完成は２０１３年3月予定。ひまわりはその店舗への入居はとっくに辞退している。ただ新店舗に入居予定の銀行・郵便局などの跡地を、ひまわりの新しい活動の拠点として希望していることを県当局に何回となく要請してきており、それなりの理解を得ていた。

しかし、考えてみると、団地の再生は、ひまわりがこの地に来る前からの計画であり、ひまわり自身がその再生の一端を担うためにこの地にやって来たはずである。この9年間、「食を通した福祉コミュニティづくり」としての食事サービスを、その活動場所を脅かされながら続けてきたことになる。最初に発表された再生計画では、商業施設には市民のリラクゼーションとなる交流の場が予定されていた。それがいつの間にか計画は立ち消え、一般のテナントが入居できない高いハードルを決定してしまった。「これが活性化か、再生か」と体調が悪くふらつく身体で説明会に出席し、憤りは頂点に達していた。

現在のセンター内で営業しているテナントの多くは、高齢化のためいずれは店をたたむであろうし、若い元気なテナントは外に居場所を求めてこの地を出ていくだろう。お互いに話し合って情報交換していたテナントはバラバラになってしまうのだろうか。まさに「開発」以外の何物でもない。そんなことを考え悶々《もんもん》としていた。

ただわずかに市民の交流場所ともいえるコミュニティカフェなるものが、新店舗コンペの企画に付記されていた。いま、このカフェとふれあい食事処ひまわりとのコラボを俎上《そじょう》にのせようと企画中である。そこに配食の拠点を隣接させることができれば、この地域の食事サービスは存続できることになる。実現には地域住民の熱い支援が必要であろう。青写真はすでにできあがり、地域と行政への説明の機会をつくるところまでに関係者の合意を得た。賽《さい》は投げられたのである。

（2012年6月）

## ●「安心地区整備事業」って？

「安心地区」整備推進事業を前にした会議の空転による時間のロスも含めて、飛ぶように時が流れていく。

地域包括支援センターは2005年の介護保険法改正によって、2006年から設置された。地域住民の保健福祉の向上、介護予防マネジメントなどを総合的に行う機関で、とくに介護認定で「要支援」とされた高齢者の介護予防に重点が置かれている。

私の住む明石の地域包括支援センターの事業も介護予防に傾斜していた。何かおかしいと感じながら、もっと医療と介護の連携が強化され、家事援助や機能訓練などの予防サービスと見守りや配食サービスを含めた保険外サービスとを合わせた、総合的なサービスが必要だと痛感していた。また、地域でこの一端を担うのがひまわりの事業であるとの自負もあった。

私が北欧福祉から学びたいとデンマーク、スウェーデンを訪れたのは1990年代のはじめ。かの地ではすでにプライエム（日本の特別養護老人ホーム）の新規開設は凍結され、高齢者住宅の整備に取り組んでいた。日本でもようやく今回の介護保険法の改正で、大型施設入居ではなく、住み慣れた地域での包括ケアシステム（生活支援・住まい・介護・医療・予防）をつくるということで、2011年度には全国100か所で「24時間地域巡回型訪問サービス」が展開された。

これを小型化した「安心地区」整備推進事業が、1年遅れて、兵庫県内3か所に指定されたモデル事業のひとつとして、ここ明舞にやってきた。この事業の受け皿をめぐって、気が遠くなるような会議が続いている。

情報の交流と共有、役割を考え、協働事業としてすすめる上で、ひまわりもこれまでの実績から提案事項を考えていたが、行政区が異なる神戸と明石との組織論に時間が費やされるばかり。

地域とは何だろう。

お弁当を配達する時に出会う利用者さんの状態だけが私の関心事である。ひまわりが配達するエリアの各戸を点と点で結び、そこに線が引けるだけ。地域とはそれらをすべて包括した面ではないだろうか。

沖縄の太もずくの解禁が1か月遅れたと、5月はじめに塩もずくが5キロ届いた。毎年プレゼントしてくださる方に感謝である。定番の長芋とドッキングさせた酢の物に天ぷら、利用者さんのうれしい反応に、さらに5キロ追加注文した。もずくに含まれるフコダインは抗がん作用があることが証明されている。

（2012年8月）

10

## ◆ もずくの酢の物と天ぷら ◆

### もずくの酢の物

**■ 材 料（4人分）**

もずく200g、山芋70g、みょうが1個、土生姜少々、合わせ酢（酢大1、塩少々、砂糖小1、醤油小2分の1）、山芋用（酢・砂糖・塩少々）

**■ つくり方**

① 山芋の皮をむき、すりおろし調味しておく。
② みょうがは繊切り、土生姜はすりおろし。
③ もずくは塩出しして切り、合わせ酢であえ、生姜汁をまぜる。
④ 器にもずくを盛り、山芋をかけ、みょうがを天盛りする。

### もずくの天ぷら

**■ 材 料（4人分）**

もずく200g、山芋170g、卵2個、塩少々、天ぷら粉50g、揚げ油適量

**■ つくり方**

① 山芋の皮をむき、すりおろす。
② 卵を割り塩を加えてとく。
③ ②に天ぷら粉を少しずつ加えながらまぜ、山芋を加える。さらにもずくを加え、まぜ合わせ、玉杓子ですくいとり揚げる。

# 6章

# 〈食〉の支援をつなぐ力に

マイカーで配達に協力してくれるカーボランティア（男女計11人）は、ひまわりの配食を支える原動力

配食用小型電気自動車「みずほ号」

## ●利用対象者の広がり

明舞の銀杏並木が色づき、足早に秋が深まってきた。9年前、この地にひまわりを立ち上げた日も木枯らしが吹いていた。明日への予想がつかない中でのオープン。何かに憑《つ》かれたように、もっている自分の力を全部出して、まさに体あたりだった。

今年もまたその日がめぐってきた。11月1日、9周年記念の祝い膳と手づくりケーキを記念品としてお客様にお渡しするまでの忙しさは尋常ではなかった。〝無理かもしれない〟と心配しながらのGOサインだったが、見事に乗り切れた。ボランティアのパワーにはいつも頭が下がる。そして、2晩、夜7時からのケーキづくりを楽しんでいる姿に、ほっと胸をなでおろした。

少々大げさな表現かもしれないが、最近お客様から「ひまわりのお弁当で生かされています」という言葉を聞く。こうして利用対象は地域の独居・虚弱高齢者からデイケアセンターのお年寄りまで広がっていく。3か月で退院を余儀なくされた病弱者に、訪問看護では心もとないと、病弱者のデイケアをしている施設とのコラボである。そこでは胃ろうによる経管栄養を選択している方もいる。

もともとひまわりが担当してきたのは普通食の可能な方である。対象を増やすことには、厨房のキャパからいって不安がないわけではなかった。しかし、私は専属のカードライバーをつけて踏み切った。配達時間の遅延などで、現在の利用者への影響を避けるという配慮からである。

（2012年12月）

## ●沈滞の中でのにぎわい

こうして忙しくしているひまわり周辺の一般店舗は、最近客足が1割から2割減と聞く。バス通りを隔てた土地に着々と進む4階建の新店舗は、2013年3月には完成。そこに入店できるテナントは大丸系の大型店舗と2店。ひまわりは新店舗に隣接する郵便局跡に移転の予定。将来に見通しがたたないテナントは閉店を待つことになる。

そんな沈滞した空気の中で、被災地から一家で転住してきたMさんが、空き店舗を借りてボックスセールをやりだした。1ボックス1か月1500円で誰でも借りることができる。家庭で不用になったものを出し、それが売れた時はうれしい。地元の有志がボランティアを申し出て、販売、会計を分担。商品が増え、お客とボランティアでいつもにぎわっている。

ひまわりではこのボックスで1か月1万円も売れ、10万円あまりの蓄積。これをもとに地元生産者の協力で、福島の保育園（森のほいくえん野の子）、南相馬《みなみそうま》に野菜を送り、無から有を生み出すことの楽しさを味わわせてもらっている。

1週間前、隣の空き店舗に駄菓子屋がオープンし、消えていく商店街ににぎわいをもたらしている。そんな中で第8回明舞クリスマス・フェスタの準備も着々と進んでいる。

塩麹《しおこうじ》がブームを招いてかなりの時間を経たが一向に衰える気配はない。「ひまわり男性料理教室」の今年のテーマは「発酵食に学ぶ」である。奈良時代、仏教の伝来と共に殺生《せっしょう》が禁じられ、動物性たんぱく質が摂取できなくなった日本人の栄養を支えたのは他でもない発酵食品である。味噌・醤油のように気が遠くなるほどの時間をかけた発酵食品だが、現在市販されている塩麹はかなりインスタント的に使われるのが現代人とマッチしたのであろう。

（2012年12月）

## ●お弁当がむすぶ縁

福島の「森のほいくえん野の子」からかわいい年賀状が届いた。「小さなお友だちは玉ねぎの皮をむき、年長さんは野菜切りを全部がんばりました。みんなでつくったカレーライスは、とてもおいしくて何度もおかわりして食べました。おいしい野菜をありがとうございます」。

1か月にたった1度、園児に向くお野菜を、と生産者に頼んで送ってもらっているそのお礼状である。大きなキャベツと格闘している3歳児の絵など、ひまわりのスタッフも目に涙をためながら笑ってしまう。2012年夏のWeフォーラム（福島県二本松市で開催）が結んだ縁である。震災後の4月1日に開園した、森の中の小さな小さな保育園だとか。ホームページに出てくる写真やお便りであれこれ想像してみるが、近いうちにぜひ訪れたいと思っている。

1月6日は恒例の新春餅つき大会。スタッフが60キロのもち米をアッという間に洗って準備してくれた。薪《まき》の寄付は知人の大工さん。杵臼《うす》などの一切の道具は自治会。みかんは地元企業の寄付。冷え込む朝の空気を破って、若い県立大の学生15人がかけつけてくれた。ひまわりが企画してはじめたこのイベントも今年で7回目。威勢のいい杵の音、雑煮・あべかわ・おろし餅のいずれかがふるまわれ、お餅のおみやげまでつくとあって、開会の2時間前から住民の長蛇の列。300人の交通整理に汗ばむ。ひまわりの常連さんには笑顔でねぎらいと挨拶、人ごみの中をかけめぐって全体の調整と指揮は私の役割。無事終わってほっとした時の心地よい疲労感。不思議な現象だといつも思う。

こうして新しい1年が始まる。1月14日は「入江一恵さんの県・社会賞受賞を祝う会」が開かれる。昨年の11月3日、文化・科学・スポーツ・社会の各分野に功労のあった個人・団体に贈られたもので、はたして功労に値するか疑問に思ったが、ひまわりの活動へのプレゼントとして受けた。2月13日、まったく調理を経験したことのない男性グループからの依頼で男性料理教室、しかもエコクッキングという要望。新しい人との出会いに私はワクワクしている。2月15日は芋煮会。この1年の多忙が思いやられる。

美しい風呂敷に包まれたやさしいお味のお弁当は、こんな多忙な中でも確実にお客様に届けられていく。「むすぶ文化」は

福島の「森のほいくえん野の子」の園児たち

ひまわりの象徴でもある。

（2013年2月）

## ●もうひとつの料理教室

築40年以上を経た古ぼけた商店街（ここにひまわりがある）の前に、3月7日、新商業施設「コムボックス明舞」がオープンする。待って、待って、あきらめて、行政への不信が渦巻いていたところへ、急ピッチの工事での完成である。エレベーターとエスカレーターつき、両隣のビルには2階から移動できる。当初の計画にあった市民交流スペースとリラクゼーションの場は、すべてカットされた。それでもひまわりのお客様は胸をふくらませている。「変わる」ことへの期待だろうか。

思えば、阪神・淡路大震災以前に計画された明舞センター地区の整備は、震災のためにストップ。以後、あらゆる形で再生を模索してきた県当局にとっては感慨深いものがあろう。3月7日から10日までのオープニングイベント、そのひとつに「ひまわりの活動10年」の展示がある。続く17日、東日本大震災復興祈念のスプリングコンサートも準備中である。

その計画の最中に舞い込んできたのが、「高齢者起業支援助成」事業である。立ち上げ助成金は、わずか75万円だが、私は5人の人材を確保し、この事業へ応募することにした。団体名は「ふれあいキッチンひまわり」。立ち上げに至った経緯を次のように綴った。

「NPOひまわり会がこれまで、明舞団地およびその周辺の独居・虚弱高齢者を対象とした『ふれあい食堂』と『配食サービス』を10年、独居高齢男性料理教室を7年間実施し、その成果は上がっている。しかし一方で、最近独居高齢男性がひきこもり状態になっていることに加えて、独居高齢女性の食生活が無気力で貧困になっていることがわかった。この状況から抜け出させ、ふれあう機会をつくり、前向きに生きることへ一歩踏み出させる機会となる調理教室を男女混合で実施したい」。

かつて上野千鶴子は「おひとりさま」を世に問うた。おひとりさまには、女性も男性も含まれる。さらに私は事業の効果をこう書いた。

「ひきこもりがちな独居高齢男性の『通院・テレビ・寝る』の1日のサイクルに刺激を与え、人とのふれあいの中でおいしいものを料理して食べ、生きる意欲が生まれることを願う。一家の食事をひたすらつくり続け、ひとりぼっちになった時、誰かに料理をつくってあげる喜びやつくることへの興味を失った独居高齢女性が、みんなで元気になることを体験することによって、無気力な生活から抜け出し、自分のためにつくろうとする意欲をもつようにと願う」。

このことがそんなに簡単に運ぶとは考えられない。介護保険該当以前のゾーンの問題である。ひきこもり状態からいかに連れ出すか、どのようなつながりの中で信頼関係が結べるか――〈食〉を中心にアタックしていきたい。

（2013年4月）

## ●食卓に四季のリズムを

最近、めずらしくまちにでかけると、○○ダイニング、○○キッチンという看板が目につく。一方、本屋さんの店先で「おうちごはん」という標題に出会い、気になる。家庭の台所や食堂がまちに飛び出し、おうちごはんを食べることが特別なことなのだろうか。80歳を過ぎた私にはこの現象は奇異に映る。

それにしても今年の春はいつまでも寒く、花が散っても花冷えの気温が続いた。おかげで3月末の野草が4月になってどっと手にはいった。筍、木の芽、こごみ、たらの芽、うどなど。鳥取県との県境の山からのものである。味噌は岡山県との県境、特産のもち大豆味噌。こだわりの食材が順調に入ってくることは、ひまわりの味を維持することに大きな役割をはたしている。

はりいかとわかめの酢の物にうどの繊切りならぬ白髪うどを天盛りすると、春の逸品ができあがる。ひまわりのボランティアの包丁使いは、私など足もとにもおよばない魔法の手である。

春を感じる筆頭は、蕗のとうであろう。中国清時代の医書「本草備要《ほんぞうびよう》」には、蕗のとうは「心肺をうるほし、五臓を益し、煩を除き、痰を消し、咳を治す」とある。蕗は太古から食養草といわれているが、早春から初夏まで人間の生理機能に季節のリズムを作用させ、身体に新鮮な喜びを感じさせてくれる。

野蕗が入荷した。下処理は面倒でも来週には1品としてそのほろ苦さを供することができよう。先週、蕗の白あえを副菜として供したが、お客様が帰りに「今日のおからは特別においしかったです」といわれた。「今日は蕗の白あえなんですよ」と返すと「何か違うと思いました。はじめて食べました。おいしいものですね」と。お客様の表情を見ながらこんな会話を交わす時は私にとって至福の時である。

こうして季節は春から夏へ。夏の身体と野菜のリズムは、夏野菜の代表のウリ類によってつくられる。きゅうりはむくみの水分をおろし、成分のペクチンは胃腸を整え、食欲が落ちる夏の健康食である。きゅうりを筆頭に、にがうり、しろうり、まくわうりと続き、かぼちゃにつながる。そのあしらいは、たこ、いか、えび、貝類、はも皮と多彩である。

今年度の男性料理教室の案内を発送した。その呼びかけは、「季節の野菜料理に挑戦！　野菜料理は面倒、苦手、しかし、しっかり食べなくてはと悩んでいる方、下処理から味つけまでマス

11

## ◆ オニオンドレッシング ◆

夏野菜が出揃うシーズン。朝食に色鮮やかに盛りつけた生野菜・温野菜にお好みのドレッシングがあれば眠気も吹っ飛びますね。ひまわりでもよく利用する玉ねぎをベースにしたドレッシングは、1週間分つくって冷蔵庫に保存しておきます。

**■材　料（2人で1週間分）**

玉ねぎ小1個、レモン1個、サラダ油大4、酢大3、みりん大2、塩小2、砂糖大1と小1、スープの素小1、胡椒少々、マヨネーズ少々

**■つくり方**

① 玉ねぎをうすく切り、ひたひたの水にスープの素・玉ねぎを入れ、やわらかくなるまで煮る。
② ミキサーにかけて冷やしておく。
③ ②をベースに、レモン汁、みりん、塩、砂糖、サラダ油、酢、胡椒を入れよくまぜる。
④ 玉ねぎのとろみがベースであるが、マヨネーズで調製してもよい。

（応用編）和風ドレッシングにする場合は、ごま油、醤油を好みで入れ、酸味は食酢だけでなく、必ず柑橘類を絞って入れるとよい。

ターすれば大丈夫。〝旬の野菜を食卓に〟をめざして今年も楽しくやりましょう」。

（2013年6月）

## ●つながりの変化

また1店、今日で店を閉める。「みのりの里」という産直の店で、ひまわりオープン以来の盟友である。野菜の収穫、仕入れなど何かとアドバイスをしてくれ、助けてもらった仲間である。移転の問題についてもお互いに情報交換する仲であった。安全でいい商品であれば、隣の鳥取県まで仕入れにいくというこだわり、それで、一定の顧客もあったが、去る3月、バス通りをはさんで新商業施設がオープンして以来、除々に客足は遠のいた。人の流れの変化にはどう努力しても空しい結果となった。

2016年にはこの明舞センター商店街は閉じる予定。あちこちでシャッターがおり、人影はまばら、40年前の若い団地のにぎわいをいまでは思い出すこともできない。その一隅でひまわりのボランティアの笑い声と元気な話し声が響く。「どうしていつもそんなに元気なの？」とみのりの里の店長によく聞かれた。「食堂のお客様は減ってるよ。でも配食でなんとか現状維持かな」と答えていた。

この10年間、数のことよりも、お客様のニーズの多様化にどう応えられるかに心を配っていた。厳しい高齢化の中で、当然予想されていたとはいえ、いま、また新たな状況に私の気持ちは沈んでいる。それは、お客様お一人おひとりとのつながりの変化である。

Nさんは、ひまわりオープン以来のお客様で、昼・夕1日2回、週4日配食を受けていた。ひまわりのお弁当と、時々入れる私の短い手紙を心待ちにし、「生かされています」と配達ボランティアに手を合わせていた。〝食はいのち、高齢者の食を地域で支える〟といった大それた文言が私の頭の中になんとなく浮かんできたのは、このような方が何人かいらっしゃるからである。Nさんはひまわりの大ファンだった。

Nさんの入院が決まった時、お弁当を配達したボランティアに「入江先生が心配するから黙っていて」とたのんだそうだ。その言葉を最後に1週間後にかえらぬ人となった。私は呆然《ぼうぜん》として言葉を失った。そのこころの空白を埋めるには時間がかかった。やや情緒的過ぎるかもしれないが、こうして何人かの方を見送ってきた。そして新しい方が申し込んでくれ、数の上ではほぼ横ばいを保っている。でも生かされる関係と信頼が生まれるまでには、時間がかかりそうだ。いまの私のうつうつとした心理状態はこんなところにあるのだろう。

刻み食の弁当
飯：やわらかご飯、主菜：豚ヒレ肉カツ、刻みキャベツ（茹）、副菜：冬瓜のえびあんかけ、副々菜：きゅうりといかの酢の物、汁：沢煮椀、デザート：オレンジ

10年の歳月を経て、年を重ねたボランティアが新しいお客様をどう認識し、信頼関係を結んでいくか、切実な課題である。

（2013年8月）

## ●続く訃報

前回も人の死を悼《いた》み、沈んでいることを書いたように思うのに、またまたお元気そうだったHさんの訃報に驚いた。糖尿病がかなり進んでおられたとか。

2月と9月は「入院しますので、しばらくお弁当を休んでください」という電話がとくに多い。病気と必死で闘いながら、やっともちこたえている方にとって、季節の変わり目は堪えるのだろう。最近のひまわりの配食の調査では、独居と老老夫婦をあわせると全体の配食数の86パーセントを占め、この数に改めて日々の活動に責任の重さを感ずる。

料理好きなFさんはひとり娘ががんで急死した後、長らく入院していたお連れ合いも亡くした。お弁当の配達ボランティアが、Fさんに認知症の兆候が出ていることに気づき、Fさんの友人に連絡をとった。

お弁当の配達時に交わす会話やしぐさの報告を配達ボランティアから受けて、日常のわずかな変化も、把握しているつもりだが、食を通してのつながりは、一面での結びつきに過ぎない。われわれの把握しきれないところで、地域ではさまざまな心の悩み、身体の痛みにあえいでいる方がいるだろう。

（2013年10月）

## ●安心のまちづくり――〈食〉の支援をつなぐ力に

2010年の厚生労働省老健局の数値によれば、全国の65歳以上の高齢者について、認知症有病率推定値は15パーセント、有病者数は439万人と推定されている。また、全国のMCI（軽度認知障害）状態の有病者数は約280万人と推計されている。

この膨大な数の前に、われわれの取り組みは、吹けば飛ぶようなものであることは承知している。それでも、あえて「食を通したむすびつき」を核にして、「住み慣れた地域で、自分らしい暮らしを人生の最後まで続けられる」、そんな安心のまちをつくっていきたい。

そのひとつの試みとして、ふだんはひまわりの「ふれあい食堂」まで足を運べない人たちを対象に、簡単な料理をつくって、みんなで食べながらおしゃべりする「ふれあいキッチンひまわり」を立ち上げた。

7月31日にはじめての「ふれあいキッチンひまわり」を開催。かなり耳が遠い95歳のおひとり暮らしのKさん、1年2か月うつの状態で入院していたSさん、認知症の夫に少しでも人とのふれあいの機会をもたせたいと夫婦で参加したAさんなど、6人が参加してくれた。前述のFさんも参加の予定だったが、忘れていて欠席した。この時にFさんに認知症の兆候が出ていることに気づくべきだったと反省。

この会の参加の呼びかけ、当日の朝の連絡、お迎えなど、一人ひとりの状態に応じての配慮だけでなく、話題や料理など、ボランティアのきめ細かな事前の話し合いの必要を痛感している。でも、このささやかな「ふれあいキッチンひまわり」がこれからどう変化していくか楽しみでもある。

（2013年10月）

## ●コミュニティカフェへの期待

2013年10月30日、ひまわりは10周年を迎えた。「石の上にも3年」と古い諺《ことわざ》をこの連載に書いて7年、アッという間に過ぎたように思う。この間に変わったものは何だろう？ 地域との関係？ お客様とのつながり？ もっとも確かなことは、10年の年を重ねたボランティアの存在であろう。そして、変わらないのは、〝ひまわり狂想曲〟といわれるにぎやかな笑い声とリズミカルな調理の音である。

この10年の節目に、活動拠点の移転という事業が目前に迫っている。それは単に場所が変わるというだけなく、活動のありかたに対するボランティアの認識の変革が迫られている。

一度は訪れたいと思っていた『We』の編集部があるコミュニティカフェ「スペースナナ」（以下、ナナ）に、今年のWeフォーラムの昼休みを利用して出かけた。魅力ある多様な活動をしているナナ。それは想像していたよりずっと狭かった。そしてWe編集室の狭さには心底驚いた。ここで『We』がつくられていると思うと言葉もなかった。同時に、ここを基点にして何と豊かな人のつながりが紡がれているのだろうと、改めて実感した。

ナナとひまわりのある明舞では、客観的条件がまったく異なっていることは承知している。でもナナで感じたあたたかい人のぬくもり、支え合って生きるための手だて、仕掛けは、明舞に馴染む形で、考えていかなければならないであろう。

新たな活動拠点は、高齢化した団地の福祉資源として食事サービスの拠点を、と兵庫県に再三、提言・要請してやっと、「食を通したコミュニティ交流ゾーン」としての使用が決定されたものである。厨房48平方メートルはひまわり専有、食堂はコミュニティカフェとなり、地域活動団体の活動スペースとして利用されることになった。

2014年3月の完成までに、このハコに盛り込まれる地域の夢にどう対応していくか。その運営主体のもっていき方、運営委員会のメンバーの募集・選定・依頼、さらには具体的な運営方法の検討、規約などの作成も必要になってくる。考えてみると、超えなければならないハードルはいくつもある。

でもひまわりスタッフの夢は広がっている。食と健康・くらしの情報発信、ギャラリー、図書コーナー、近郊農家の野菜販売コーナーなど、このスペースへの期待は大きい。

（2013年12月）

## ●再び「地域」への疑問

「ひまわりの今後の展望は?」とよく聞かれる。　新しいステージに向かって、「地域包括の核として食を担う」と格好いいことをいってきたが、現在進行中のコミュニティカフェの設置すら難航している。移転先の工事は少し遅れながらも順調に進行し、厨房の設備備品の発注、内装工事は1月末着工、3月中旬には完了の予定。3月末に引っ越し、4月1日新店舗オープンと、タイムスケジュールは万全である。その裏づけとなる資金もなんとかメドがついた。

ただ肝心のコミュニティカフェの運営にさまざまな思惑がからみ、運営する組織の立ち上げもままならない。立ち上げには、基金、利用料など運営資金の問題がからんでくる。それには明石市側と神戸市側との受け皿の違いも問題になってくるだろう。

ここでまた、地域の壁が立ちはだかる。地域って何だろう。「この地域に住む一人ひとりの住民はどうなるの？」と問いたくなる。2～3の行政区にまたがる団地は、全国的に見てめずらしくはない。ここ明舞は明石市と神戸市にまたがっているが、団地の整備計画は県直轄である。

その中心的役割をはたしてきた商店街が2年先に閉鎖される。40年、50年と住民と共にあった各テナントの思いはいかばかりかと思う。リニューアルされたビルに移転するのは、ひまわりを含めてわずか4店。その一角のコミュニティカフェをめぐって、その運営に対する思惑がさまざま。私は、新年早々に本音を出し合う会を、プレ発起人会として数人のメンバーで開くことを県住宅計画課に提案している。そこで、カフェ運営に関する組織を考える発起人会の骨子について合意を得て、発起人会成立後、運営委員会へ移行できればと考えている。広く住民の声を反映させ、どんな楽しい地域交流センターがつくれるか、夢を語る会をもちたい。

おせちに飽きてきた頃に胃をすっきりさせるために七草粥、そして小正月は小豆粥。昔の人はよく考えたものだと先人の知恵にあやかり、ひまわりでは、年明けの初日は赤飯にみぞれ雑煮、7日はせりごはんと、行事食を織りまぜながらの献立である。

（2014年2月）

## ●檄《げき》

ひまわりの食堂部門は、「松が丘コミュニティ交流ゾーン」と命名されたスペースを、週4日レンタルして営業することになった。この交流ゾーンの管理運営は、地域の運営協議会があたる。私もその協議会の理事のひとりとなり、日常的な管理運営はひまわりに任せるというもの。「ひまわりさん、何とか運営してよ」ということであろう。

この骨子が決まった時点で、私は食堂の壁に「檄」と貼り、ボランティアの意識の変革を訴えると共に、緊急ボランティア集会の開催を告げた。

ひまわりがこの10年継続して活動してこられたのはボランティアのパワーがあってのこと。朝7時から夜7時まで、日々、笑いの絶えない仲間たちと続けてきた活動が、時間や施設利用に制約があることで、萎縮してしまうことを私は最も案じていた。

2014年3月1日に開催した緊急ボランティア集会には、42人のボランティアのうち、26人が参加してくれた。今後の活動への関心の高さゆえであろう。新しい場所での取り組みに、質問と、それぞれの参加者からの「私は何ができる、何がしたい」という提案が相次ぎ、活気のある会となった。

新しい厨房は専有面積48平方メートル、そこにコミュニティ交流ゾーン48平方メートルをたすと、現在のひまわりの2倍のスペース。集団給食の調理室としてつくられたピカピカの施設は、10年のキャリアを活かしたひまわりのスタッフが設計から参加して考えたもの。作業動線と効率、ボランティアの安全性を考えた配置になっている（185ページ参照）。1か月の家賃・共益費は5万9千円、それにコミュニティ交流ゾーンのレンタル料は3万2千円。テーブルや椅子などすべてもち込んでの値段である。

やっと手に入れたスチームコンベックや業務用冷凍冷蔵庫など、新しい機器による大量調理と、昔ながらのすり鉢やすりこ木の調理をどう融合させて、新しいひまわりの味をつくっていくか、これも新たな課題である。

この交流ゾーンの活用について、私は何度も夢を描いては消され、提案しても取り上げられない日々が続いたが、ようやくスタート地点に立った。

人々が集まり、ほっとする居場所、にぎわいと癒しの場として機能させるには、どんな仕掛けが必要であろうか。いろんな人の知恵を借りて、さまざまなボランティアの提案と地域住民のニーズをつなげるための試行を続けていきたい。


（2014年4月）

# 7章 新店舗オープン

## ～花吹雪に迎えられ

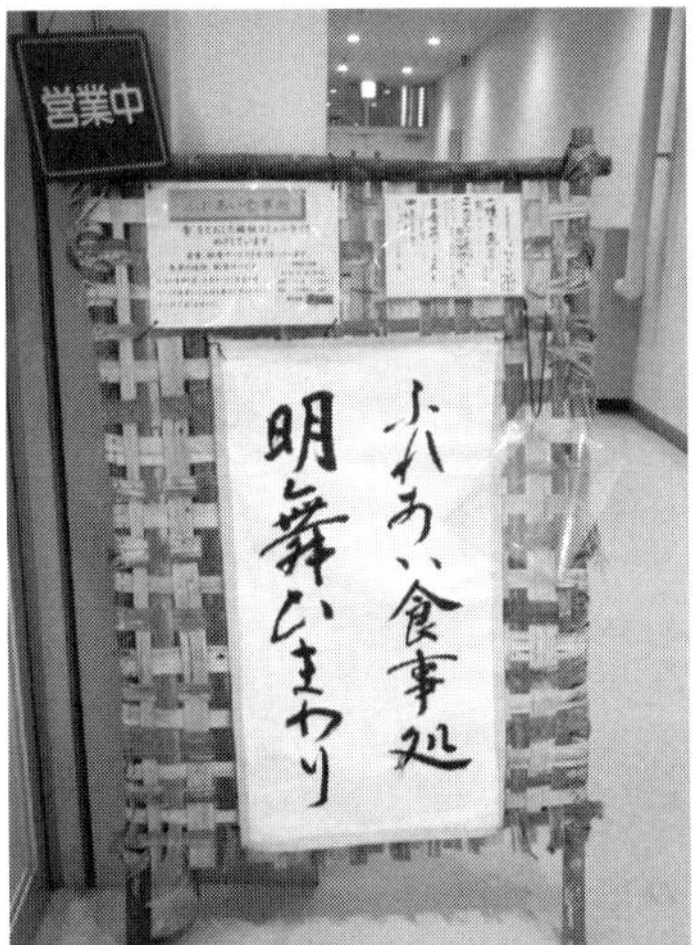


新店舗オープン時に「NPO 法人環境21の会」から寄贈された、ケナフ（アオイ科の1年草の植物）を編んでつくられた看板。

## ●ふりそそぐ春の陽光　コミュニティ交流ゾーンの開店

2014年3月25日、大阪八尾市からの見学者14人の来店を最後に、10年5か月の思い出を残して、翌日から綿密に組まれた手順に従ってひまわりの引っ越し作業は進んだ。作業開始から3日目、協力してくれた社会福祉法人まほろばの中型トラックの救援によって、引っ越しはほぼ完了。新店舗での整理に入った。「あら雪！」と誰かが叫んだほど、花吹雪の中での整理作業は明るく、陽光が目に沁《し》みる日々だった。

4月2日、保健所の検査を終え、3日にはボランティアが全員集合して、新しい調理機器スチームコンベックを使った事前実習を行った。引っ越し費用ゼロ、引っ越し作業に携わったボランティアは延べ120人を越えた。

ピカピカの厨房は、集団給食施設としての設備が整った48平方メートルの空間。動線の絡むかつての狭いひまわりの厨房での経験をふまえ、スタッフが安全と作業効率を考えた設計素案を描き、厨房設計のプロに青写真を依頼。これを参考に工務店に発注するという過程を経て完成したものだ。排気を考えた大型換気設備、シンクも野菜洗い場と食器洗い場の2槽シンクと食器洗浄機、大型鍋を洗う大型シンクと3か所に配した。厨房で働く人の混線を避け、衛生面も配慮した。しかしシミュレーションして設計したはずの調理台（配膳台）に弁当箱が並び切らず、急遽補助テーブルを4台購入。なんとかオープンにこぎつけた。

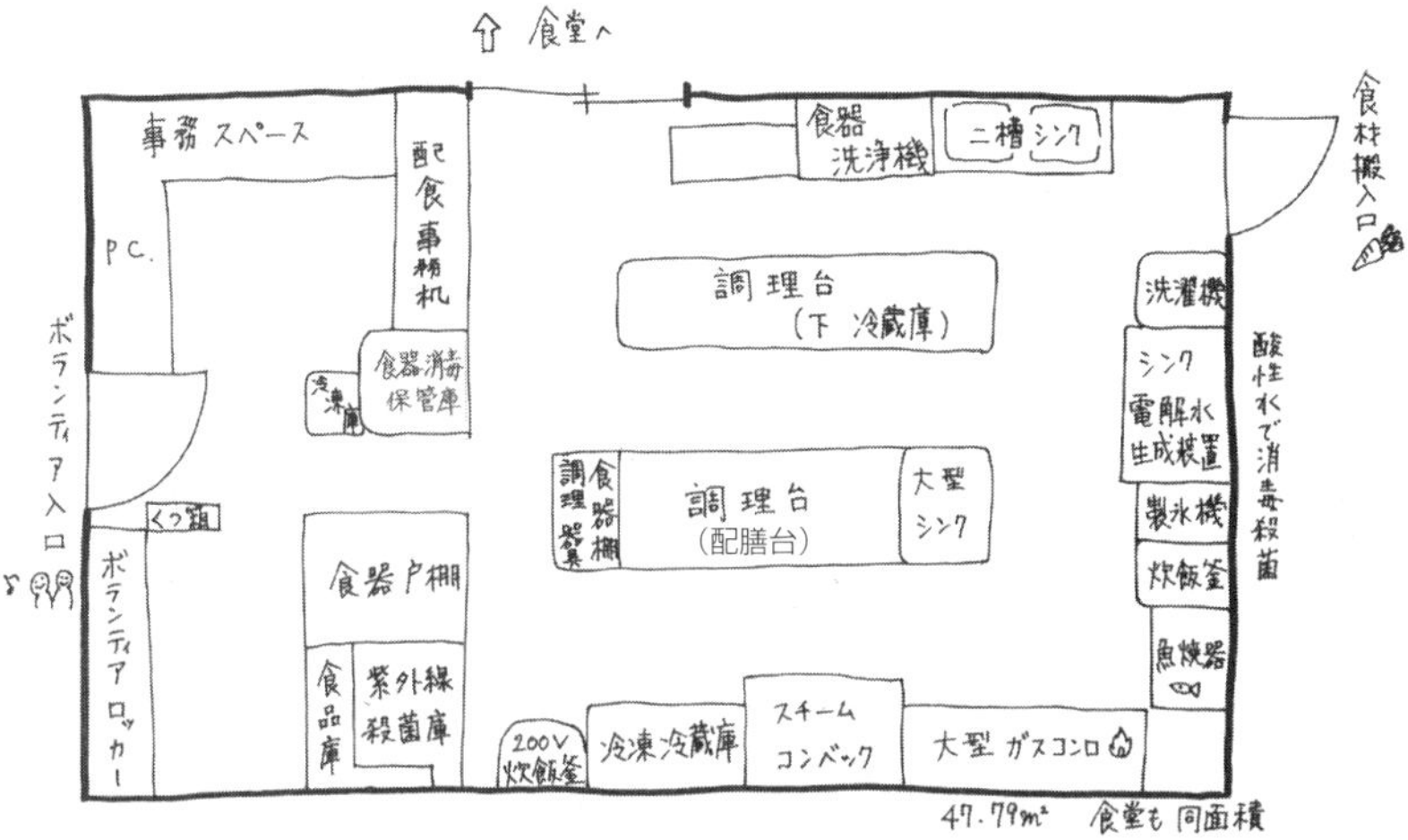

スチームコンベック

電解水生成装置（生野菜の殺菌に使用する酸性水をつくる）

大型食洗機

広くなった厨房を走り回るボランティア

紫外線殺菌庫（右奥）

こうして4月7日、新しいひまわりがオープンした。移転のため12日間の休業中、開店を待ちに待ったお客様、明るくにぎやかな店内に「何だろう?」と訝《いぶか》りながら入ってくるお客様で、またたくまに満席。外に行列ができるという盛況。ボランティアは広くなった厨房を走り回った。

オープンから4週間、倍増したお客様に対応しながら、無事連休を迎えることができた。このにぎわいが一過性に終わらぬよう、ひまわりのメニューと食材の仕入れを改めて検討していきたい。

2014年は「明舞団地まちびらき50周年」にあたる。ひまわりでは「食の祭典」と題して、地域住民に開かれたイベントを計画している。原発事故による海洋汚染、土壌汚染を含めた食情報の提供、有機野菜の販売、野菜料理のデモンストレーションとバイキング。スタッフの企画力とボランティアの力量が試される機会ともなるだろう。

お客様でにぎわう店内

ひまわりのある「松が丘コミュニティ交流ゾーン」は、ようやく地域の活動団体からも注目されるようになり、レンタルスペースへの申し込みがボツボツと入りはじめた。

（2014年6月）

●もうひとつのお披露目《ひろめ》「食の祭典」

新しいお店で目の回るような日々を過ごしていると、アッという間に3か月が過ぎた。1日12時間以上の立ち仕事に、さすがの私も足の裏を傷め、お医者様で魚の目を4つ切り取ってきたところだ。

6月1日の新店舗お披露目の会には、招待客40人にひまわりのスタッフ40人を加えて、80人の立食パーティとなった。その様子は神戸新聞で報じられ、地域の話題となった。移転を喜んでくださるみなさんの姿を見て、「共にある」ということを実感した。

このセレモニーが終わった後、地域住民なら誰でも参加できるもうひとつのお披露目「食の祭典」の準備にとりかかった。

その内容は、ひまわりの料理をバイキングスタイルで味わう、食と健康の展示、野菜を食べよう（野菜料理のデモストレー

「食の祭典」

ション と試食）、近郊農家の野菜販売、インスタント食品の糖度・塩分濃度の測定など。チラシの隅には100円の整理券を印刷した。

展示では、地元明石の抱える問題を提案したかったので、テーマを身近な食材「明石の海苔《のり》はいま」とした。海の水質の変化で、かつては全国一を誇った明石の海苔が危機に直面していることを漁協関係者からレポート。スタッフも海へ撮影に行った。折しも、その前日（6月28日）の新聞に「瀬戸内海環境保全特別措置法」の改正案が動き出したことが報じられた。「きれいな海」から栄養塩類の含まれる「豊かな海」をめざした海苔や漁業の再生を示唆するもので、私は感動にも似た気持ちでこの記事を読み、これからの漁業者の苦労を思った。

6月29日の「食の祭典」、料理や野菜の販売、展示や食品の測定実験も好評だった。慌ただしかったが、快い疲れと、地域住民と共に喜びを分かち合う1日となった。

（2014年8月）

## ●帰ってきたAさん

集中豪雨は近くの兵庫県丹波市も襲った。知人、友人のことを思うと身を削られる思いである。

8月末に秋風が吹くという気候異変で、毎年のことながら、この時期、ひまわりのお客様からの悲しい報《しら》せが届く。脳梗塞の術後、9年間入退院を繰り返していたSさんが、昨日、旅立たれた。

そんな中、Aさんが明石の家に帰ってきた。

ひまわりの配食のお客様はお弁当でつながっている。たかがお弁当、されどお弁当なのである。Aさんは昼・夕1日2回の利用だったので、ひまわりのお弁当で1日の大部分の栄養を補給されていたことになる。Aさんに認知症の症状が出て妹さんの家に預けられていたが、配食の復活はうれしい知らせである。

認知症で独居という方が増えてきているにもかかわらず、ひまわりでは不勉強で、その場その場での対応に終わっている。これから、Aさんとひまわりの配達ボランティアとのつながりがどう再構築されていくか、新たな問題である。

新しいひまわりは立地条件も設備も最高。

「へえ！ こんなお店があるの？」

「このメニューで550円？」

驚きと疑心暗鬼で入ってこられるはじめてのお客様と、10年来通い続けてひまわりを知りつくしているお客様が入りまじっての食堂の風景である。

時々、かつての狭い「ふれあい食堂ひまわり」が懐かしくなる。信頼で結ばれた、狭いけれど温かい雰囲気は、何ものにもかえがたかった。しかし、いたずらに過去をふりかえるのはやめよう。

新しい明舞ひまわりの入口

明日は新店舗でのはじめてのボランティア集会。そこで現施設の不都合な点を出し合う。食材とメニューに対する意見交換、調理法の吟味《ぎんみ》、やさしいお料理はどこから生まれるの？ その答えをボランティア一人ひとりが出していく。そんな集会になればと思う。あせらず時間をかけよう。そして、ボランティアが働きやすい仕組みをつくることは私の役割。

Aさんのたくましさに学ぼう。夏バテでふらふらしていた私の周りに温かい空気が流れだした。

（2014年9月）

## ●夢を語る団地談義

4月に明石市側（明舞団地は兵庫県の神戸市垂水区と明石市にまたがっている）に引越してからというもの、倍増のお客様で毎日にぎわっている。これが極限だと、ボランティアはお互いに確かめ合いながらの多忙な日々である。

9月末、Weの会の礒部《いそべ》幸江さんと蔡《さい》和美さんが、東京から1泊でボランティアに来てくれた。旅の疲れを感じる間もなくひまわりの忙しさに巻き込んでしまい、大丈夫だったろうか。

その後も、お客様は毎日増え続け「完売御礼」の張り紙を出す始末。

そんな日々の中、「明舞団地まちびらき50周年」の記念行事が続いている。

その山場として10月26日に市民フォーラムが開かれた。このフォーラムの呼び物は、神戸芸術工科大の学生が制作した明舞センター地区シンボルゾーンの模型。学生の発表を聞くと、しっかりした調査に基づいて現在の問題点をとらえ、そこから出発してイメージを広げて模型をつくったとのこと。2階の交流スペースには若い親子が集っている。若者の夢が盛り込まれたシンボルゾーンの模型に参加者の目は吸いよせられた。

午後はパネルディスカッション形式での「団地談義」。私もパネリストのひとりとして参加した。フロアからの活発な地域住民の発言に押され気味になりながら、私は4月から半年のひまわりの活動から思うこととして、ハードとソフトは表裏の関係にあること、そのためにシンボルゾーンに「ぜひ足湯を」と提言した。

私は足湯に特別な思いを抱いている。あの阪神・淡路大震災の後、長田にできた足湯で多くの高齢者が体も心も温められた、そのことに学びたい。高齢

明舞団地 1964年からの古いタイプ

新しくなった建物（2010年11月）

化率40パーセント近いこの明舞団地で、独居の高齢者を外に出させる工夫。そしてお互いに言葉をかわし、子どもの明るい声を聞きながらの足湯は、お年寄りの心を開かせることに役立つに違いない。

ひまわりではお客様同士のふれあいが何よりの宝。そこで元気になってくれる光景を目のあたりにすることが、ボランティア自身の喜び、生きがいにもつながっている。

「このようなふれあい、つながりの光景がまちのあちこちに展開されることで、この団地は元気であり続けることができるであろう」と結んだ。

実際のところ、70代、80代という高齢ボランティアがひまわりのハードな活動を続けることができるのは、食を通してお客様とふれあい、つながりをもつことができるからだと実感している。

人と人とのつながりのきっかけをつくれるシンボルゾーンであって欲しい。その後、学生から発言・提言が続き、活気ある熟議となった。

(2014年10月)

## ●黒田裕子さんの突然の死

2014年の9月、私はかけがえのない盟友黒田裕子さんの死に遭い、しばらくは自失の状態から抜け切れなかった。

黒田さんは、生まれ故郷出雲を出て神戸で看護師となった。20年前、阪神・淡路大震災時には、宝塚市立病院総副婦長として働いていたが、震災関連死、孤独死が多発するのを目のあたりにして職を辞し、西神第7仮設1070戸でボランティアとして働いた。その後、NPO法人阪神高齢者・障害者支援ネットワークを結成。中越、中国・四川など内外の被災地に飛び、東日本大震災後はそのほとんどを宮城県気仙沼《けせんぬま》市で過ごした。

12月21日、神戸で開かれた黒田裕子さんを偲《しの》ぶ会には、活動を共にしたボランティア仲間のほか、東北の仮設住宅からも住民が駆けつけ、670人が参列し、交流があった人たちが追悼の言葉を述べた。

気仙沼市の中仮設住宅の自治会長、尾形修也さんは「住民に寄り添い、生きる活力を与えてくれた。お礼は私たちが落ち着いた生活に戻ることに尽きる」と語った。

黒田さんと親交のあった作家の柳田邦男さんは、孤独死を防ぐ見回り活動に触れ、「被災者支援とは何か、根本的な問題に新しい視点で取り組んだ。被災者の生活相談に乗り、人生を再生する道筋を共に探すことを大事にした」と悼んだ。そして死の2日前に入院先の出雲に飛び、枕元で、「人の精神性の魂は死後も後を生きる人々のこころの中で生き続け、それぞれの人生を膨らませる。それを私は『死後生』と呼んでいます」と話しかけると、彼女が喜んだという。

彼女が最も心血を注いだのは、看護師の養成だった。「災害看護学」という未踏の領域に取り組み、がん患者の会、ホスピスについても活動し、実績をあげていた。

だのに、なぜ？ 73歳、肝臓がんと診断され、わずか1か月で逝くとは…。病床に見舞った時、痩せるだけ痩せた彼女は、毅然《きぜん》として「私の命はあと2か月です」と語った。自らの死を予想していたような告知だった。その2か月が1か月に短縮された。

夜半12時頃になると黒田さんから電話があった。「先生！ 入江先生！」独特のイントネーションが耳に響いた。それから約1時間、ひまわり運営の悩みに親身になって答えてくれた。時には厳しい発言もあった。その叱咤激励が私の耳には心地よかった。聞くと、それから翌日の大学の講義の資料をつくる予定だとか。睡眠の時間をさいてかけてくれる電話だった。気仙沼と明石の電話はこうして続いていた。

ひまわりを立ちあげる時、少し躊躇していた私の背中を押してくれたのが黒田さんだった。ひまわり会の理事、会計監事、そしてひまわりの名づけ親でもある。「閉店となった商店街につくるお店を明るいイメージにしたい」と彼女が語ったサンフラワーの響きは、私のこころにいつまでも残ることだろう。

（2015年2月）

## ●老人よどこへ行く

ひまわりの看板娘91歳の正木さんの消息が55時間絶たれた。もしや…と最悪の事態が私の脳裡《のうり》をかすめた。月曜日、出店時間になっても現れない。ケイタイ応答なし。私が知る限りの彼女の知人に電話で問い合わせたが不明。ついに彼女の住む復興住宅高齢者マンションに出かけ、知人の男性に窓をはずしてもらって中に入り、生存を確かめることができた。金曜日の夜半にベッドに向かう途中、平衡感覚を失って倒れ、そのまま動けなくなったという。ストーブのつけっ放しで暖をとっていたのが幸いしたのだろう。そのまま救急車で病院へ。よくある大腿骨《だいたいこつ》骨折、翌々日手術。現在は快方に向かっている。

ひまわりでは、利用者の緊急連絡先は届けてもらっているが、ボランティアのことがすっぽり抜けていた。ボランティアも平均年齢70歳と高齢なのである。その日の私は気が動転するばかりだった。

2015（平成27）年度から介護保険制度が改定される。厚生労働省老健局振興課からは「地域支援事業における地域包括支援センターの運営について」という文書が出され、明石市の広報誌にはトップ記事として「高齢者も安心して住み続けられるまち　①高齢者・障害者の相談窓口開設　②後見支援センター開設　③認知症高齢者への支援充実」が掲載されている。しかし改定によって、公的支援のサービス内容も給付金額も減るので、すでに「高年クラブ」の予算は削減され、「老人いこいの家」は閉鎖されようとしている。

ひまわりの配食事業は、見守り、安否確認、話し相手といった精神的サポートを重要視してきた。それがひいては自立支援につながると認識していた。また、ふれあい食堂での人と人とのつながりは、孤独な高齢者を人々のぬくもりの輪に誘うものとの思いからであった。

制度の改定によって、地域包括支援センターの機能が強化されるということは、インフォーマルなサービスはこれまで以上に民間の助け合いに依存することになる。そのため、これまで以上に民間の助け合い活動の情報や人脈を把握して、利用者にとってサービスを組み合せて提供していく必要があるだろう。地域のネットワークがどのように支え合いの基盤となるか、問われることになる。ひまわりの役割は、新しい制度のもとでも、生き場のない高齢者をどうつなげていくかに尽きるように思う。

（2015年4月）

## ●「死」を受け入れる

今年は雨の多い花の季節だったが、ここ明舞の地もいつのまにかまぶしいほどの緑におおわれるようになった。

例年、2月から4月、8月から9月と気候の変わり目には、お客様の訃報が続くが、この春はことさら私の心は沈むばかりであった。人は誰でも死んでいく、そのあたり前の事実を受け入れることはむずかしかった。

ひまわりを立ち上げて11年。お客様もボランティアも年を重ねている。当然起こるべくして起こったと考えればそれまでだが、「その人が最期まで自分らしく、その生を生きて死んだのだろうか」「その人がどんな関係性を社会と結んで亡くなっていったのか」という問いが、私の頭の中でぐるぐる回った。

高齢者マンションに住むFさんが併設の介護棟に移って3か月、あまりにもあっけない死だった。10年来のお客様のMさん、お連れ合いに先立たれ、転んで骨折が原因で入退院を繰り返し、静かに逝った。長らくリュウマチを患っていたYさん、2年前白血病となり入退院を繰り返したが、最期は本人の選択で自宅で2か月を過ごした。

昨年の春に移転してから、毎回のように顔を見せてくれたAさん夫婦の、おじいちゃんの死はいまだに信じられない。複雑骨折でおばあちゃんは1年間入院、退院後シニアカーを押すおばあちゃんを優しく見守りながらの来店。若い頃結核で苦しんだおじいちゃんは、その時の恩返しだとおばあちゃんをいたわり、その様子はほんとにほほえましいものだった。ひとりでは生きられない、おふたり寄り添ってこそ生きられるといった風景であった。そのおじいちゃんが肺を患いあっけなく逝った。老老介護とよくいわれるが、その実態はさまざまである。Aさんの場合、このご夫婦の人生がうかがわれる。どう死ぬかではなく、どう生きてきたかが大切であることを私たちに残してくれた。

「食を通した福祉コミュニティづくり」をめざしてはじめた私たちの活動は、いま、一人ひとりの体の状況と暮らしに、個々にかかわりをもつ見守りと配食にならざるを得なくなっている。個々のいのちを支える活動に重点が置かれてきているように思う。というより、そうならざるを得なくなっているといったほうが適切かもしれない。

（2015年6月）

## ●料理教室を楽しむ

２０１４年4月に新店舗に移転して、「ふれあい食堂」のお客様は倍増した。２時間足らずで85人という今日の忙しさは何だろうと首をかしげてしまう。

狭かった移転前のお店で「食べ物」を前に、お客様の若かった頃のこと、家族のこと、体の不調のことなどを話し合った日々が、かけがえのないものとして思いだされる。いまはわずかに、献立のことや調理の仕方など質問される方がいて、それに答えながら「食育」を感じて自己満足…。私のヘトヘトに疲れた体で家に辿り着くのが精いっぱい。私のめざしたものはこれではなかったと自問自答し、スタッフ会議でも議論するが、いまのところ打開の名案はない。

そんな中で、独居高齢男性の食の自立をサポートするためにはじめた「男性料理教室」が10年目を迎えた。どうしてこんなに続いているのか不思議だが、考えてみると疲れたスタッフの癒しの場になっていることに最近気づいた。

毎年テーマを決めて企画するが、今年は昨年に続いて「薬膳を日常の食事に取り入れる」がテー

料理教室「ふれあいキッチンひまわり」

マ。私たちスタッフも手探りで勉強しながら、3月には受講生と共に丹波の薬草・薬樹公園に出かけて学習してきた。
　その中で、「伝統的な日本の食事の中に薬膳がある」ことに気づいた。なんとしたことか、私はこの気づきを一大発見のように思いスタッフに話した。スタッフも同感。そこでこの発想を今年のサブテーマにして、「医食同源」「薬食一如」の思想はひまわりの食事の中に生きているという自負のもとにすすめている。

12

## ◆ 生姜とごぼうの雑穀まぜごはんと手づくりごま豆腐 ◆

男性料理教室「薬膳料理」で好評だったメニュー。

### 生姜とごぼうの雑穀まぜごはん

**■ 材　料（4人分）**

米280グラム、雑穀大2、生姜1切れ、ごぼう細いもの1本、人参5センチ長さ、しめじ適量、いんげん4本、ごま油大1、醤油大3、酒大2

**■ つくり方**

① 米に雑穀を入れて炊いておく（黒米があれば大1を入れるとしっとりする）。
② 生姜は繊切り、ごぼうは小さめのささがき、人参は繊切り、しめじは適当に折っておく。
③ フライパンにごま油を熱して②の野菜を入れ中火でしんなりするまで炒めて醤油と酒で調味する。
④ 炊き上がったごはんに炒めた具をまぜる。いんげんを茹でて斜め繊切りにしてごはんに散らす。

### 手づくりごま豆腐

市販のごま豆腐は少量で箸休め程度であるが、この方法で手づくりにするとたっぷりいただける。

**■ 材　料（5人分）**

練りごま50グラム、くず粉35グラム、水500cc、枝豆適量、わさび少々

**■ つくり方**

① くず粉を分量の水でとく。
② ボールに練りごまを入れ①で溶きのばす。
③ ザルでこしてから鍋に入れる。
④ 鍋を火にかけ、絶えず木べらでかきまぜながら、沸騰後15分弱火で加熱する。
⑤ 水でぬらした流し箱に入れ、粗熱が取れたら冷蔵庫で3時間ほど冷やす。
⑥ 枝豆とわさびを添える。

20人程度の料理教室は、最初に薬膳のお話にはじまり、ゆるやかな時間の中で調理してなごやかに会食している。新しいメンバーも増えていて、前回は長年、明舞団地に住んでいてお連れ合いが急死し、失意の中で娘夫婦にひきとられたがうまくいかず、再度明舞の県営住宅に応募。念願かなって明舞住人に戻ったSさんが、「どうも元気が出ない」と悩んでいたのでお誘いした。翌日、食堂に来られたSさんに「どうでしたか？ 疲れた？」と声をかけると「体が軽くなりました」の返事。男性料理教室は、スタッフ、受講生が共に元気をもらう場になっているようだ。

移動困難な高齢男女を対象にした料理教室「ふれあいキッチンひまわり」も3年目を迎えた。最近は元気な方も交え、調理能力の差はあるものの、みんなで楽しむ時間を過ごしている。参加者のいい表情から新たな活力をもらっている。

こうした料理教室が継続できるのは、「ふれあい食堂」での安心と信頼のつながりがあるからであると改めて思う。

（2015年8月）

### ●曲がり角のひまわり

この夏の暑さは格別だった。そんな中「ふれあい食堂」に足を運ぶお客様の数は毎回60人から70人。「こんなにお暑いのに大丈夫？」と声をかけると、「ここに来ることが私の一番の日課です」と答えるのは98歳のKさん。12年前、お連れ合いの死後に後追いしようとされたが「ひまわりに出会って生きる力をもらった」とおっしゃる。12年の歳月は短いようで長い。いろいろな方と出会ってお話をした。それは語り尽くせない物語である。

最近の「ふれあい食堂」は何かが変わった。ふくれあがった中で大切なものが失われている。昨年は新しい施設になれることにこころが奪われていたが、1年経ってそのことに気づいた時、私は愕然《がくぜん》とした。あせりを感じた。

大部分のお客様は「ひまわりは美味しくて安いから」とおっしゃる。一所懸命に美味しい料理をつくってくれるボランティアには申し訳ないが、私は大きな声で問いかける。

「私たちの初心は何だったの？　美味しくて安いお店ならほかにいっぱいある。私たちが求めていたもの、お客様がほんとうに求めているものは何なの？　いま、ひまわりは曲がり角に来ている。どう対処したらよいか考えよう」。

（2015年10月）

## ●グッとくるひまわりの風

そんな中、8月19日に開かれたボランティア集会の出席者は30人。手探りながら提案が相次ぎ、活気あるものになった。いまの状況では「ゆったりとした時間が流れる」は望めないとしても、ふれあいとにぎわいの中で安らぎを感じ、何かやろうとする意欲が生まれる。それはできるはずだということになった。

そのためにできることとして、①食事時間の30分延長、②フリースペースの活用、③情報発信。とくに食育にかかわることをさりげなく話題提供する、④何よりもボランティアの声かけとマナーが大切、との意見が相次いで出された。これらはあたり前のことであるが、あたり前のことほど日常的に実践するのはむずかしい。その上、毎日100人の方の見守りを兼ねた配食がある。しかも個々人の要望と虚弱度にあわせて食事内容を変えているため、ますます複雑になっており、間違いなく手渡すことは容易ではない。

それでも一つひとつ問題をクリアすることで、ひまわりのボランティアが吹かせてくれる風に期待したい。

ボランティア集会は、「配食サービスのスキルをあげる方法を事例を通して考えてみよう」というワークショップでしめくくり、認知症やうつの方への対応を話し合った。

（2015年10月）

●ひまわり12周年

オールド・ニュータウン明舞団地も昨年50周年を迎え、さまざまな場で意見交換を行ってきた。ひまわりは2015年10月30日、12周年を迎え、お客様と共に祝った。記念品の絵手紙は1か月前から準備し、ケーキは1週間前から焼き、祝い膳の仕込みは休日1日かけてボランティアたちはにぎやかに働いた、心地よい疲れだった。

「食を通した福祉コミュニティづくり」は12年前、明舞団地の再生・活性化に向けての私たちの理念だった。2015年4月の介護保険改定に伴って、日常生活自立支援事業の観点から「ひまわりも生活支援に活動の場を広げたら」とアドバイスを受けることもしばしばで、ゆれることもあったが、「食にこだわり、食を通した見守りと地域住民への食の情報発信」を続けていこう、というところに落ち着いた。

（2015年12月）

## ●ソフト面でのまちづくり

この12年間で団地のハード面での再生は進みつつあり、2016年3月をもって閉鎖する明舞第1センタービル（ひまわりが10年間活動の拠点としていた）が新たに建て替えられれば完成ということになる。

しかし、ソフト面でのまちづくりはどうだろう。

ワークショップで熱い思いをぶつけあった12年前。地縁団体中心のまちづくりから、ひとりでも手を上げられるまちづくりサポーターによる「サポーター会議」が生まれた。

立ち上げたばかりのひまわりだったが、私はもちろん手を上げて、その一員となった。3年目からは役員として、また活動拠点のまちづくり広場の運営委員長として、地域ににぎわいとふれあいをもたらすさまざまなイベントを、地域の活動団体といっしょに計画、実施してきた。

当初はひまわりが企画・提案者として地域の活動団体への説得に奔走した。その後、すべてのイベントはまちづくりサポーター会議が主催ということになり、ラボの学生のエネルギーに触発されて、年6回のイベントを15団体による実行委員会によって実施するまでになった。今昔の感がある。しかしその一方で、サポーター会議のメンバーである元地縁団体の役員はひとり去り、ふたり去って、この会は片肺の様相を呈してきた。

いま、第2弾の明舞活性化の呼びかけが行われようとしている。私は、「誰にでもわかる言葉で呼びかけ、住民が誰とでも話し合える居場所をつくること。そこから人と人のつながりができること」、このあたり前のことを訴えたい。とりあえず、11月20日に明舞大交流集会を開き、12月10日、まちづくりの拠点・居場所について話し合おうということになっている。

（２０１５年12月）

## ●ボランティアの笑顔と笑い声を取り戻す

年末年始、ひまわりは定休日を入れて12日間のお休みをとった。

お客様の困惑は、その表情から察することができたが、「休んで元気を取り戻してください」と逆にいたわりの言葉をいただいた。大腸がんステージ3の太田さんをはじめとして、毎日21人ほどのボランティアは、体力の限界を越えて活動している。

移転後、倍増したお客様。多様なニーズに応える配食。書くと簡単であるが、実際は並大抵のものではない。それでも厨房は、歯切れのよい言葉のやりとり（時には私のどなり声）と笑い声に満ちていて、「ボランティアの笑顔とお味のよさがひまわりの魅力です」といわれるお客様も少なくない。朝7時の仕込みから夕方8時の片づけまで、13時間の活動内容とシフトは各自の事情によって異なるが、お客様の状況によってしばしば延長を余儀なくされることもある。「労務管理」という言葉はひまわりの現場とは異質な気がするが、私が解決しなければならない緊急課題である。

1月7日、仕事はじめの日。きっと明るいボランティアの笑い声は厨房に満ちることであろう。

（2016年1月）

## ●明舞創生プロジェクト始動

「明舞創生プロジェクト」も1月7日に動き出す。交流センターの居場所としての改修工事も1月末にははじまる。そして3月まででイベントの計画はすでに内定している。東日本大震災復興祈念のスプリングコンサート、サークルによる街角展示、そして3月末には交流センターオープニングイベントである。

このように外に向かってはなばなしく打ちあげるイベントの計画が先に組まれているが、交流センターに望む住民の声は十分にまとめられていないのではないか、そして要となる運営主体について十分論議を尽くしていないのではないか、と私は疑義を抱いている。

高齢者だけでなく若い世代も呼び込む多世代のふれあいと交流、そして新たな活力を生み出すための情報発信の基地としての機能をもつ居場所。兵庫県立大学・神戸学院大学のまちなかラボ、図書コーナー、交流サロン、会議・ワークスペース。これらが地域住民と円滑に交流するには、常駐するコーディネーターが必要だ。そのための運営費などの課題は尽きない。

7日の会議ではさまざまな意見が飛び交い議論されることであろう。このことで明舞に新しい夜明けをもたらすことができるであろうか。

ひまわりではさらに「地域包括ケアシステム」の総合事業の担い手として、この交流センターとの協働にどう取り組めばよいかという大きな問題を抱え、問題山積みの新年を迎えた。

（2016年1月）

# 8章 これからのひまわり

～課題と展望

大石代表　朝の打合せ

地域支え合いの家　窓口

## ●これからのひまわりの課題と展望

２０２５年には後期高齢者が２２００万人を超すという。ここ明舞センターを歩いていて出会う人も、杖をついた人、歩行補助車を押した人がほとんど。軽く挨拶を交わしながら、老人大国をひしひしと感ずる。

ひまわりのふれあい食堂に来られるお客様は、毎回60人前後。もともとお知り合いだったわけではないが、たまたま横に座ったのがご縁で仲良くなるなど、お食事も楽しいが、そのような人との出会いを楽しみにされているようだ。

94歳のＳさんが車を押して入ってこられると、さりげなく近くの人が手伝って、Ｓさんの席をつくる。その笑顔に支え合いを感ずる。「隣は何をする人ぞ」と疎遠な関係が問題になっているこのご時世に、ここでは支え・支えられるあたたかい雰囲気が漂っている。

２０１７年４月、明石市の地域総合センター構想のパイロット事業として、ひまわりは「地域支え合いの家」事業の委託契約を明石市と結んだ。この事業の概要は、①総合相談機能、②居場所機能、③多様な地域資源を活用した地域の仕組みづくりとなっている。①②は、ひまわりがこれまで活動してきたふれあい食堂や男性料理教室、うたごえ広場など。また、松が丘コミュニティ交流ゾーンで活動する団体との交流が基盤となり展開できるが、③の地域の仕組みづくりについては、地域の各団体との交流、とくに地縁団体との交流をはかりながらの新たな活動となる。

２０１７年8月1日、生活相談窓口開設。月・火・木・金の9時から18時まで相談員が対応することにした。相談員は、地元の民生児童委員経験者も含めて、ボランティアがあたることになった。貼りだしたチラシを見て入ってくる方もボツボツ。あくまで相談窓口として、地域包括支援センターや医療関係など専門機関につなぐことではじめた。

ひまわりの窓口で受けた相談内容は、健康・体のこと、食事、ごみ問題、介護保険、遺言など多岐にわたり、家族関係など深刻な問題もあった。また、相談というより、さびしい、相談相手がいない、朝起きるのが空しいなど、ひきこもり寸前の状態が見られた。このような人をどうつなげていくか、容易ではなかった。

仕組みづくりとしては、地域の松が丘校区まちづくり協議会福祉部と密に連絡をとり、6月、校区自治会長、民生児童委員、ボランティア団体、ひまわりスタッフなどの初顔合わせをした。

各団体の所在地・活動内容・代表などを報告し、一覧表を作成する中で地域の問題を出し合ったところ、「福祉資源マップづくりをしては」という意見が出た。その後、計4回の集ま

松が丘コミュニティ交流ゾーンでの「うたごえ広場」

りをもち、２０１８年2月にマップを作成。「松が丘ふれあいマップ」として全戸に配布した。４回の集まりには毎回40名前後が出席し、活発な話し合いがなされ、関心の深さがうかがえた。

　配食利用者を通じて、ひまわりのスタッフもこの地域を知っているつもりであったが、それは点と点を結ぶ関係で、今回のまちづくり協議会との協働事業によって地域の全体像を知ることができた。２０１８年度はこのマップがどのように利用され、どこが不足しているか、住民一人ひとりの声を聞き、検証していくためにアンケート調査を行った。私はその場合、防災に関する住民の手引きになる資料を入れたいと考えている。

　２０１８年4月、明石市は地域総合支援セ

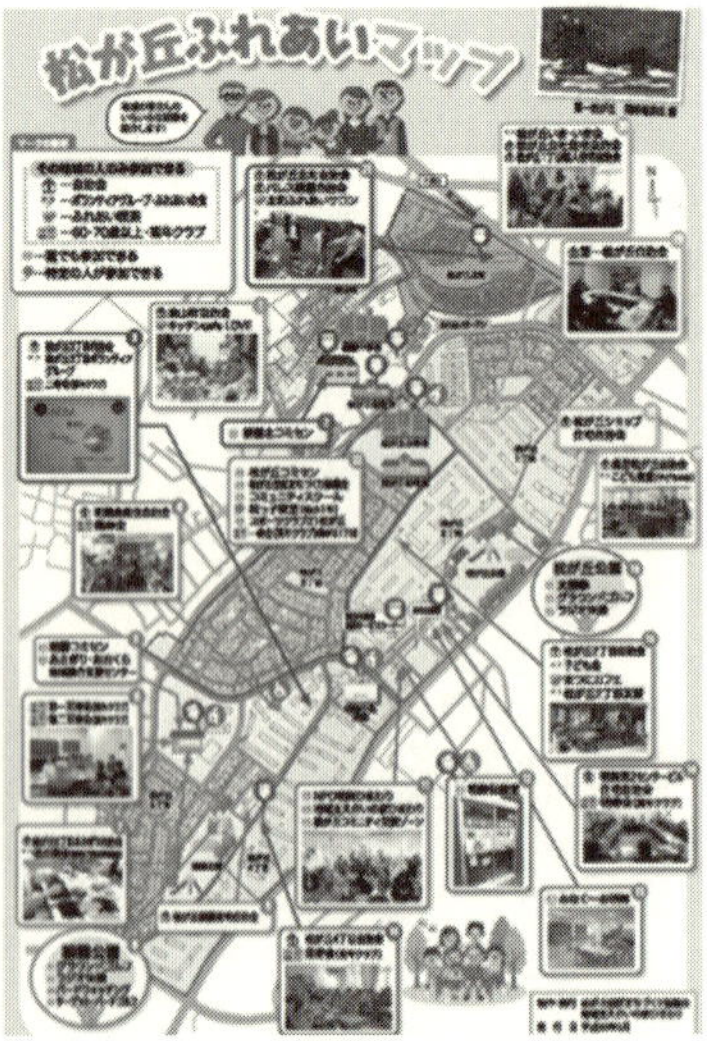


松が丘ふれあいマップ

ンターを6か所に設置することになった。ひまわりのある地域は、あさぎり・おおくら総合支援センターとして出発。ひまわりとは地理的に近接していることもあり、早速「ひきこもりの高校生をひまわりで預かって」という依頼を受けたり、ひまわりからは、「97歳のSさんがひまわり食堂に2、3日見えないのだけれど、そちらで訪問してください」と依頼したり、お互いに情報をつないで支え合っている。

ちなみに、Sさんはかなり危険な状態で、入院することになった。わたしの「もしや」というカンが当たったと、病院へお見舞いにうかがって納得した。「気になる」ことから「地域の支え合い」がつくられることも今回のことで実感した。

気になる場所として、「ふれあいサロン」や「つどいの場」があり、そこで気になる関係をつくり出す、昔の「向こう三軒両隣り」の再生、新しい創造によって、今後も地域の支え合いシステムが有効に働き、いのちを守ることができたらと思う。

（2018年10月）

## ●ボランティアに学習のチャンスと風通しのいい関係を

ひまわりの1日は朝6時に始まる。

男性ボランティア3人が170食の仕込みにかかり、その日の担当者11人から12人がほぼ揃った9時に朝の集い。連絡事項があり、ゴーサインが出ると、11時の配食車の出発まで逆算して分刻みの作業が始まる。1日のうちで最も緊張する時間である。ここで食品衛生上の注意と個人のニーズに応じた減塩・刻み・軟食への適応食が調製される。

ふれあい食堂は11時オープン。なじみの顔ぶれに出会うと今日も元気だとほっとする。お客様のなごやかなふれあいの輪に入ることは、私にとって癒しの時間となる。ボランティアの見事な連携プレイで、50人から60人のお客様への対応がなされる。

閉店13時半になると、ボランティアの昼食。やっと椅子に座れるが、その時間は20分程度。

14時から夕食の配食80食の準備にかかり、16時出発。配食が順調に終わる日はほとんどない。ひとり暮らしの、しかも認知症のすすんでいる方、急に入院というアクシデントもあり、その対応にふりまわされることもたびたびである。

配食を終わってひまわりに戻る頃には疲れも極限状況。弁当箱の洗浄と乾燥・殺菌、厨房の片づけ、集金の記帳が終わると19時~20時という1日である。

このような日々の繰り返しの中で、「地域支え合いの家」はひまわりの14年間築いてきた基幹

「地域支え合いの家」のワークショップ

事業にプラスされるものとなっている。しかし、そのめざすところは、当初ボランティアの間でも理解されにくかった。というより、多くのボランティアは、現在の事業の限界を越えて新たな事業を入れることは、基幹事業も危うくするのではないかという危惧を抱いた。

私はボランティアの率直な意見を聞きたいと思った。そのためにはアンケート調査しかないと考え、2017年の年末に、手渡しできなかった人には郵送してアンケートに答えてもらった。年始に集まった回答率は86%。その数字に私はボランティアの関心の高さを見た。

この回答をまとめた結果を再度配布し、2018年2月21日、ボランティア集会を開催した。ボランティア44人中30人が出席した。

「地域支え合いの家」についての説明と質疑応答。続いてのワークショップで、ひまわりの現状と課題も含めて、5グループにわかれて話し合った。時間の制約もあり、徹底討論とまではいかなかったが、真剣な話し合いになった。ひまわりの運営に対して、風通しの悪さについての厳しい指摘もあった。その内容をすぐにまとめてボランティア全員に配布した。同時に今後日常的にパートごとで活発に話し合いをしていくことを付け加えた。

続いて6月3日、2018年ひまわり会総会。私は辞任し、一理事として補佐役に。大石鈴子新代表が選ばれ、7月にはボランティア研修集会が開かれた。

思えば2018年は、ひまわり15年の歴史において、内部に向けてかつてないきびしい点検を行った。その成果が十分あがっているとはいえないが、組織としての体制を徐々に構築しつつある。初期のあの小さな集まりの中で人のぬくもりに支えられていたひまわりから、今、大きく脱皮することが求められている。組織としての内部の体制づくりである。新体制のもとで一歩を踏み出した年であり、11月の明舞祭では15年の歩みとしてその活動の全容をまとめて展示した。12月13日、明石市において生活支援専門部会なるものが開かれ、私もその一員として参加、従来の高齢者介護を中心とする地域包括ケアシステムを発展させ、誰もが安心して地域で暮らせる「共生のまちづくり」の実現に向けて歩み出そうとしている。ひまわりの支え合いの活動も新しい視点からその取り組みを考える時が来ている。

（2018年12月）

# 附章

# 資料編

ひまわりの活動エリア

配食利用者　居住地域（2017年1月）

## ◎NPOひまわり会の基本理念

食べることは生きること

〈食〉を通した福祉コミュニティづくり

誰もが住みなれた地域で暮らし続けるために

## ◎私たちのあゆみ

| 西暦・月 | | 沿革 | 補足 |
|---|---|---|---|
| 2003 | 10 | 兵庫県が明舞団地の再生とコミュニティ活性化事業の一環としてNPOによる団地再生モデル事業（2年間）を募集。NPO法人ひょうご農業クラブが応募し、助成金を得て、明舞第1センター内の空き店舗に食堂を開設。NPOひまわり会は同クラブと連携して10月末「よりあいクラブ明舞」を開設。ふれあい食事処と有機野菜の販売事業を開始。 | |
| 2004 | 1 | 配食サービスを開始。ミニ・デイサービスを開始。 | 1日50食体制 |
| | 4 | 「ふれあい食事処　明舞ひまわり」と改称。シンボルマーク採用。 | |
| | 7 | 「明舞まちづくり広場」開設に伴い本格的に地域交流事業に参加。 | |
| | 10 | （2周年） | |
| 2005 | 3 | 県の団地再生モデル事業としての助成期間終了。 | 1日70食体制 |
| | 9 | 垂水区魅力アップ事業活動助成を受ける。 | |

**2006**

12 ● 地域諸団体や行政との協働で年末年始イベント実施。
木口ひょうご地域振興財団より助成金を受ける。
「食のフェスタ」を実施。

**2007**

● 独立行政法人福祉・医療機構（ＷＡＭ）より助成金を受ける。
1日100食体制へ

**2008**

3 ● 大阪ガスグループ福祉財団より助成金を受ける。

10 ● （5周年）
1日120食体制へ

**2009**

8 ● 神戸ソーシャル・ベンチャー・アワード審査員特別賞受賞。

**2010**

5 ● 木口ひょうご地域振興財団より助成金を受ける。

6 ● 明石市が「給食サービスのあり方検討懇話会」設置、入江代表が委員としてひまわりの活動を報告。後日、委員全員が「ふれあい食事処　明舞ひまわり」へ現場視察。

12 ● 明石市長に「給食サービスのあり方検討懇話会まとめ」提出。
「食事サービスセミナーinひょうご」全国集会を神戸市勤労会館で開催。
ひまわりから活動報告。

**2011**

11 ● みずほ教育福祉財団より配食用小型電気自動車「みずほ号」が贈られる。

**2012**

10 ● 明舞安心地区推進協議会設立、在宅福祉拡充のため「安心ミニデイ」開始。
ひまわりは「食のセミナー」実施。
ひまわり募金箱開設、東日本大震災被災地の福島市、南相馬市、宮城県石巻市他へ継続して支援活動を行う。

11 ● 「兵庫県・社会賞」を受賞。

| 西暦・月 | | 沿革 | 補足 |
|---|---|---|---|
| 2012 | 12 | 「第14回人間サイズのまちづくり知事賞」を受賞。 | |
| 2013 | 6 | 「平成25年度まちづくり功労者国土交通大臣表彰」を受賞。<br>「ふれあいキッチンひまわり」立ち上げ。 | |
| | 10 | （10周年） | |
| | 11 | 公益財団法人ソロプチミスト日本財団・社会ボランティア賞を受賞。 | |
| 2014 | 4 | 「ふれあい食事処　明舞ひまわり」として松が丘ビルに移転。厨房部門専有、食堂部門「松が丘コミュニティ交流ゾーン」をレンタルで活動開始。<br>兵庫県・明石市から助成受ける。 | 明舞団地まちびらき50周年<br>1日170食体制へ |
| | 6 | 新装店舗活動開始記念のお披露目会開催。<br>地域住民へお披露目として「食の祭典」を開催。展示・調理デモ・試食・食品テスト・食事会、野菜販売などでにぎわう。 | |
| | 9 | 明石市と見守り協定締結。 | |
| 2017 | 4 | 明石市より「地域支え合いの家」事業委託される。 | |
| 2018 | 1 | 兵庫県民生活課の「ふるさと兵庫すごいすと」として発信される。 | |
| | 4 | ひきつづき「地域支え合いの家」事業を委託される。<br>（15周年） | |

ひまわりの事業の推移

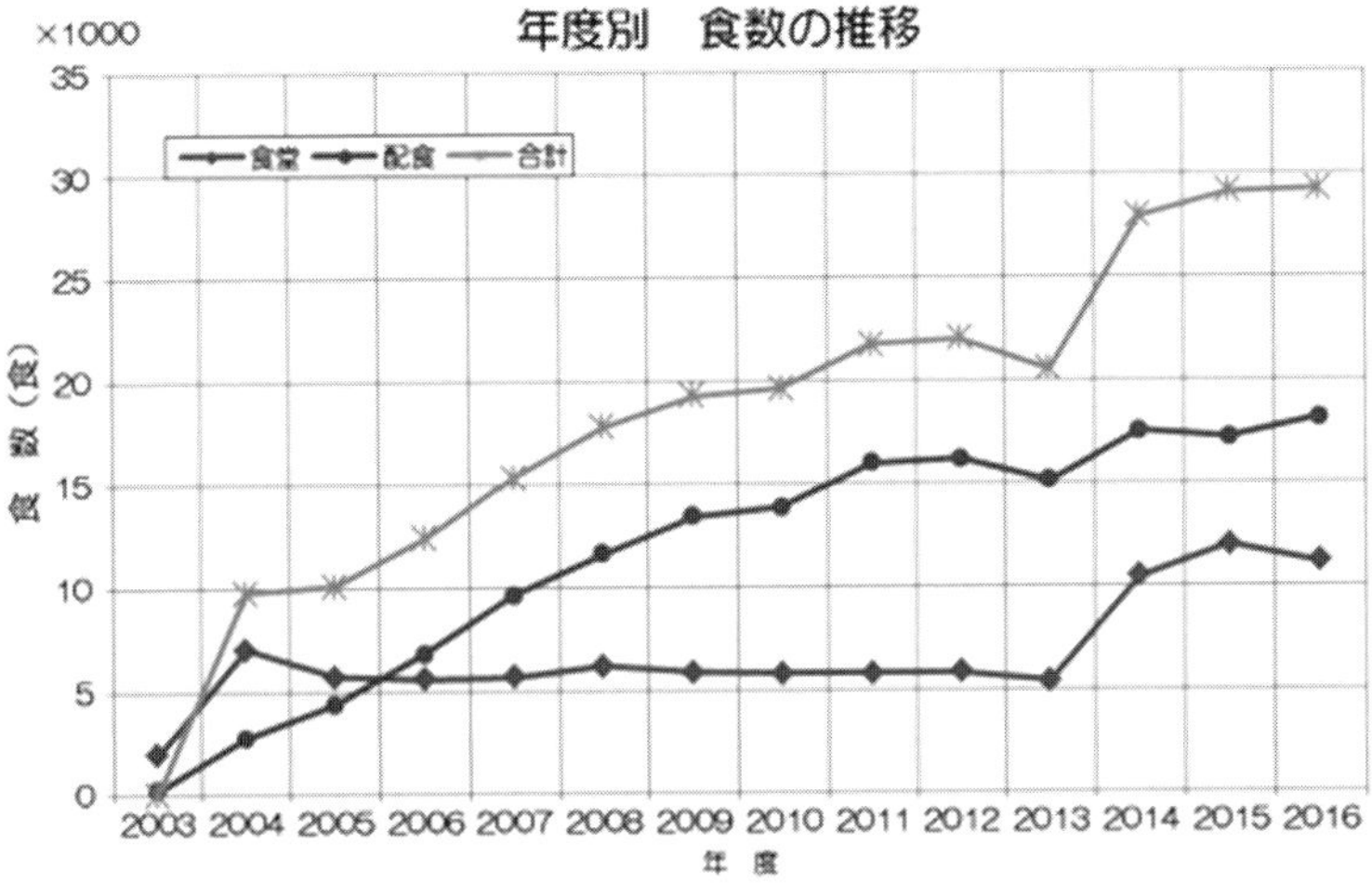


NPOひまわり会 ボランティア人数と年齢構成（平均年齢）

（2018年10月現在）

| 年代 | 男性 | 女性 | 計（人） |
|---|---|---|---|
| 30代 | 1 | 0 | 1 |
| 40代 | 0 | 2 | 2 |
| 50代 | 0 | 3 | 3 |
| 50代 | 2 | 17 | 19 |
| 70代 | 7 | 7 | 14 |
| 80代 | 3 | 5 | 8 |
| 90代 | 0 | 1 | 1 |
| 計 | 13 | 35 | 48 |
| 平均年齢 | 73.0 | 68.9 | 69.6 |

会員数103人（正会員63人・賛助会員40人）

## ◎ＮＰＯひまわり会（通称：明舞ひまわり）の活動

### ●〈食〉を通した福祉コミュティづくり～私たちのめざすもの～

◆おいしいものを食べて、元気で長生きしたい。
◆旬の食材をたっぷり使って、安心・美味・栄養の三拍子揃った、からだにやさしい食事を提供したい。
◆生産者、調理する人、食べる人が互いに思いやるふれあいの場、こころの通う場をつくりたい。
◆多世代の交流とふれあい、地域創生の要として、〈食〉の支援をつなぐ力に。

### ●私たちの事業と活動

①ふれあい食事処
営業日時：月・火・木・金（祝日を除く）9時～17時（食事の時間　11時～13時30分）
日替わり定食６００円、コーヒー・紅茶１５０円（食事とセットの場合１００円）

②からだにやさしい手づくり弁当の配達と見守り活動
お弁当（昼メニュー）７００円～（昼・夕食共にご希望の場合、夕食［別メニュー］７５０円～）
配達日時：月・火・木・金（祝日を除く）、昼11時30分～12時30分、夕16時30分～17時30分

配達地域：明舞団地及びその周辺（車で20分程度の地域）

③地域支え合いの家

## ●地域活動

①食と健康の情報発信と啓発

・松が丘コミュニティ交流ゾーン及びロビーでの展示

食品テスト、ヘルシー料理の解説と実演、試食

・男性料理教室の開催（食育と交流）

・ふれあいキッチンひまわり料理教室

②明舞地域の活動団体や行政との協働による団地活性化イベントの実施

・明舞祭、新春餅つき大会ほか

③その他の団体とのネットワークによる学習会やイベントの実施

・明石市ボランティア連絡会、市民ネット明石、ひょうごん福祉ネット、地域ケア会議など

## ●ボランティアと会員を募集しています。

①ボランティア

・調理ボランティア（定食・配食用弁当の調理、準備）

・カーボランティア（お弁当を高齢者宅へ配達）
昼11時～12時30分、夕16時～18時
・地域活動支援スタッフ（イベント等の企画・運営）

②正会員・賛助会員
・正　会　員　年会費1口　5000円（明舞ひまわりの運営に協力してくださる方）
・賛助会員　年会費1口　3000円（明舞ひまわりの活動と事業を応援してくださる方）

## ●連絡先

◆NPOひまわり会　ふれあい食事処 明舞ひまわり
〒673-0862　明石市松が丘2丁目3-7 松が丘ビル1階
TEL／FAX 078-913-7784
ホームページ http://npohimawari.jugem.jp
メール himawari-a@wine.ocn.ne.jp

# おわりに

古い商店街の片隅に種をまいたひまわりは、10年5か月を経て神戸側から明石側にリニューアル移転、5年目を歩んでいます。

ひまわりは大きく花開きました。「食を通した福祉コミュニティづくり」は今や食からひろがる地域のつながりとして、支え合い社会の要としての役割をはたすようになりました。73歳で立ち上げたこの事業に、もてる全エネルギーを投入した日々。思えば苛酷な毎日ではありましたが、それを上回る喜びをいただきました。その間、ひまわりを支えてくださった地域のすべての方々、そして、苛酷な活動をきびしい批判と笑いで、「継続こそ力」の信念のもとに支えてくださったボランティアの皆様に心から感謝いたします。そして最後になりましたが、行政・大学等各機関の温かいご支援に感謝し、この場を借りてお礼申しあげます。

なお、この本をまとめるにあたり、表紙の絵をお引き受けくださった中畝常雄さん、題字をお書きくださった五味佳子さん、資料編を担当くださったWeの会会員・ひまわり会副代表の井上裕美子さん、イラストを担当くださった田中修子さんに心からお礼申し上げます。

２０１９年2月　　入江 一惠

## 入江　一恵（いりえ・かずえ）

1930年香川県高松市生まれ。大阪府立女専（現大阪府立大学）卒業後、高校家庭科教員となる（1985年退職）。その間家庭科の男女共修運動にかかわり、1976年より高校家庭科教科書の執筆編集に携わる（2004年まで）。北欧福祉に関心をもちデンマーク、スウェーデン、ノルウェーに3回研修視察。1985年より2002年まで兵庫女子短大食物栄養学科で調理学・食生活論を担当。

2003年、兵庫県が募集した明舞団地再生及び活性化のためのモデル事業に応募、「食を通した福祉コミュニティづくり」をめざして「NPOひまわり会」を立ち上げる。以来15年間、代表として「食はいのち、高齢者の食を地域で支える」をコンセプトに、ふれあい食堂・配食・見守りを40数名のボランティアと共に続けている。2017年、明石市の総合事業「地域支え合いの家」を受託。住民の居場所づくり、生活相談、地域の仕組みづくりに取り組む。2018年6月、ひまわり会代表を辞し、理事となる。

兵庫県社会賞受賞（2012年）、公益財団法人ソロプチミスト日本財団・社会ボランティア賞受賞（2013年）。

◎入江一恵 連絡先
〒673-0845　明石市太寺4-1-22
TEL　078-912-0482
FAX　078-912-0478
メール　kazue0204@rio.odn.ne.jp

ひまわりの日々
**食からひろがる地域のつながり**

2019年2月24日　初版発行

著　者　入江　一恵
発　行　有限会社フェミックス
〒225-0011
横浜市青葉区あざみ野1-21-11 スペースナナ内
TEL　045-482-6711
FAX　045-482-6712
jimu@femix.co.jp　http://femix.co.jp
装　幀　菊池　ゆかり
印　刷　シナノ書籍印刷株式会社


ISBN978-4-903579-89-4 C0036